JN040960

やさしくまるごと 小学社会 改訂版

学研プラス 編

マンガ もぐら

この本を手にしたみなさんへ

勉強は "あまりやりたくないもの"。

これは今も昔も，多くの子どもたちにとって同じです。

そして "勉強は大事なもの" "勉強をがんばることは将来につながる" ということも，今と昔で変わりません。

やりたくないけど大事である勉強に対して，みなさんがやる気になれる参考書・やる気が続く参考書はどんなものだろう？

そんな問いに頭を悩ませながら作ったのが，この『やさしくまるごと小学』シリーズです。

この本には

・マンガやイラストが多く，手に取って読んでみたくなる。
・説明がわかりやすくて，成績が伸びやすい。
・先生の授業がいつでもYouTubeで見られる。
・小学校3年から6年の内容が入っているから，つまずいたところから総復習できる。

といった多くの特長があります。

このような参考書を作るのはとても骨の折れる仕事ではありましたが，できあがってみると，みなさんにとってとても役に立つものにできたと思っています。

（「自分が子どものころにこんな参考書があったらよかったのに……」とも思います）

この本を使って，「勉強がたのしくなった」「成績が伸びてうれしい」とみなさんが感じてくれたらうれしいです。

編集部より

あなたの決意をここに書いてみよう！

（例）「この本を1年間でやりきる！」とか「学校の社会のテストで今年のうちに100点を3回以上取る！」など

勉強する曜日とはじめる時刻をここに宣言しよう！

【1日の勉強時間のめやす】➡（　　　　　　　　）

月曜日	火曜日	水曜日	木曜日	金曜日	土曜日	日曜日

本書の特長と使いかた

まずは「たのしい」から。

　たのしい先生や，好きな先生の教えてくれる教科は，勉強にも身が入り得意教科になったりするものです。参考書にも似た側面があるのではないかと思います。

　本書は，読んでいる人に「たのしいな」と思ってもらえることを願い，個性豊かなキャラクターの登場するマンガをたくさんのせています。まずはマンガを読んで，この参考書をたのしみ，少しずつ勉強に取り組むクセをつけるようにしてください。勉強するクセがつきはじめれば，学習の理解度も上がってくるはずです。

小学校3年から6年の内容をしっかり学べる。

　本書は小学校3年から6年の内容を1冊に収めてありますので，自分に合った使いかたで学習することができます。はじめて学ぶ人は学校の進度に合わせて進める，前の学年の勉強をおさらいしたい人は1日に2・3レッスン進めるなど，使いかたは自由です。

　本文の説明はすべて，なるべくわかりやすいように書いてあります。また，理解度を確認できるように問題もたくさんのせてありますので，この1冊で小学校3年から6年の学習内容をちゃんとマスターできる作りになっています。

動画授業があなただけの先生に。

　本書の動画マーク（ ▨ ）がついた部分は，YouTubeで塾の先生の授業が見られます。動画をはじめから見てイチから理解をしていくもよし，学校の授業の予習に使うもよし，つまずいてしまった問題の解説の動画だけを見るもよし。パソコンやスマートフォンでいつでも見られますので，活用してください。

　DVDには塾の先生おすすめの勉強法と，1レッスン分のお試し動画が収録されています。学習をはじめる前にDVDを見て，より効果的な勉強の仕方を確認しましょう。

　誌面にあるQRコードは，スマートフォンで直接YouTubeにアクセスできるように設けたものです。

YouTubeの動画一覧はこちらから

https://gakken-ep.jp/extra/
yasamaru_p/movie.html

※動画の公開は予告なく終了することがございます。

ご近所の人がやってる
無人はんばい所では
スーパーより安くてしんせん
だったりもするのだ

ワーイ
お野菜
安ーい♡

トマト一袋
100円だってー

お金は
こちら

中学生の知恵

お兄ちゃん
「ご自由に
お持ち下さい」
もあるよ

形が悪い
野菜か…

な

へー

ご自由にお持ち下さい

Contents

〈キャラクターしょうかい〉

小野田あきこ

社会科が苦手・ネコが大好きな
小学生。精霊たちのことをネコ
だと思っている。

小野田まなぶ

あきこの中学生の兄。物知りで
たよれる存在だが、実はネコが
苦手なのをかくしている。

タマ

ひょんなことからあきこと出
会った精霊の女の子。あきこと
仲良し。

クロ
タマの兄。まじめでれいぎ正しいが、少しこわがり。

モッサーラ長老
タマ、クロの祖父。がんこなおじいちゃん。コタツとおやつが大好き。

先生
あきこの担任の先生。おっとりフワフワマイペース。でも授業はわかりやすい。

まちたんけんに出発だ!!

[3・4年／私たちのまち]

このレッスンのはじめに♪

　みなさんは自分が住んでいるまちのことについて，どこまで知っていますか？いつも通りかかるけど，何の建物か知らなかったり，あまり行ったことがない場所があったりはしませんか？　自分が住んでいるまちをたんけんしてみると，新たな発見があるかもしれません。

　ここでは，学校の周りや自分が住むまち，そして市の様子について，調べ方などを学びましょう。また，地図の決まりごともしっかり確認しておきましょう。

1 学校の周りやまちの様子

授業動画はこちらから

方位の表し方

　学校の周りや私たちが住むまちの様子について調べる前に，方位の決まりを確認しておきましょう。

　方位とは，東，西，南，北などの向きのことです。「東」，「西」，「南」，「北」の四方位で表したり，これに「北東」，「南東」，「南西」，「北西」を加えた八方位で表したりします。さらにくわしく方位を表したいときは，「北北東」や「東南東」などを加えた十六方位で表します。

▲四方位　　　▲八方位　　　▲十六方位

方位の調べ方

　たんけんに出かけたときなどに，方位を調べるには**方位じしん**を使います。**方位じしんの色のついたはりが北を指します。**方位じしんは平らな場所に置いて使いましょう。

　また，地図上で方位を確認するときには，**方位記号**を見ましょう。

▲方位じしん

矢印が向いているほうが北。

▲方位記号

地図に方位記号がないときは，ふつう**上が北**となっています。

学校の周りやまちの様子の調べ方

　学校の周りやまちの様子について調べるときは，次の手順で調べましょう。

①**調べに行きたい場所を話し合い，たんけんするコースを決めて，白地図に書きこみます。**調べたいこと，聞きたいことなどをまとめておきましょう。

②**実際にたんけんに出かけて調べます。**わかったことや気づいたことなどをノートやカードに書きこみます。見つけた建物や土地の様子などについては，白地図に書きこみます。わからないことは，まちの人に聞きましょう。

③**調べたことを絵地図などにまとめます。**

♣たんけんで調べること

たんけんでは，次のようなことを調べましょう。

☆**地形の様子**…その土地が高いところにあるか，低いところにあるか，川はどこを流れているか，海や山はどちらにあるかなど。

☆**土地の使われ方**…家が多いか，店が多いか，田や畑が多いか，工場はあるかなど。

☆**建物の様子**…どんな**公共しせつ**があるか，古くからのこる建物はあるかなど。

☆**交通の様子**…道路の幅はどうなっているか，車や人の行き来はどうか，バスや電車がどのように走っているかなど。

✓ここをチェック

公共しせつ
　学校や図書館，市役所や公園など，みんなで利用する建物や場所のことです。大切に使わなくてはいけません。

♣たんけんのときの持ち物

たんけんに出かけるときは，**白地図**や**筆記用具**，**方位じしん**などの持ち物をあらかじめしっかり用意して，忘れ物をしないようにしましょう。

つけたし たんけんのときは車などに気をつけて，交通ルールをしっかり守りましょう。

白地図　方位じしん　ボード

カメラ　ノート　筆記用具

▲たんけんのときの持ち物

♣絵地図のかき方

絵地図をかくときは**まず方位記号をかき入れて，どちらが北かを示します。**そして中心に学校など，大きな建物をかきます。

次に，海などの**自然**，道路や鉄道などの**交通の様子**をかきます。そのあと，**建物の記号（マーク）を決めてかき入れ，さらに家や店が多いところ，田や畑が多いところなどを色でぬり分けていきます。**

最後に，発見したことなどがあれば，かきこむとよいでしょう。

市役所　スーパーマーケット　古くからある家が多い。　トラックが多く通る。　海

⚐学校　▣目立つ建物　⚒工場　⚕病院
■家が多いところ　■公園
■田や畑が多いところ

▲絵地図の例

ポイント

●**方位じしん**で方位を調べる。地図に方位記号がないときは**上が北**。

●たんけんで調べること→**地形・建物・交通の様子，土地の使われ方。**

2 地図の決まりと市の様子

授業動画は
こちらから

さまざまな地図記号

　土地の様子や建物の種類をわかりやすい記号で表したものを**地図記号**といいます。12ページの絵地図も地図記号を使うと，見やすい地図になります。地図記号の多くは，関係が深いものを図案化しています。

神社　鳥居の形　　工場　歯車の形

図書館　本を開いた形　　田　稲をかったあと

▲地図記号のなりたち

◎	市役所	⑪	老人ホーム	ᛁᛁ	田
○	町・村役場	卍	寺	∨	畑
᎒	官公署	开	神社	🝖	果樹園
文	小・中学校	☼	工場	∴	茶畑
⊗	高等学校	☼	発電所・変電所	Ⴤ	くわ畑
⊕	郵便局	⊞	図書館	⊥ᴵ	荒地
♤	裁判所	⊞	博物館・美術館	ᵠᵠ	広葉樹林
◇	税務署	☼	灯台	∧∧	針葉樹林
Υ	消防署	☘	風車	△	三角点
⊗	警察署	⩜	城あと	⊡	水準点
Ⅹ	交番	⚓	港（地方港）	≍	橋
⊞	病院	⚠	自然災害伝承碑	⊡—⊡	鉄道（JR）

▲主な地図記号

三角点
水準点
橋
鉄道（JR）
その他の鉄道
郡・市の境界，東京都の区界
都・府県の境界
市街地（家が集まっているところ）

等高線と縮尺

　地図には**等高線**や**縮尺**が表されています。等高線は**海面からの高さが同じ地点を結んだ線で，その場所の高さやかたむきがわかります。縮尺は実際のきょりを地図上に縮めた割合で，実際のきょりがわかります。**

0　　1km　　1：50000　　$\frac{1}{50000}$　　5万分の1

▲縮尺の例

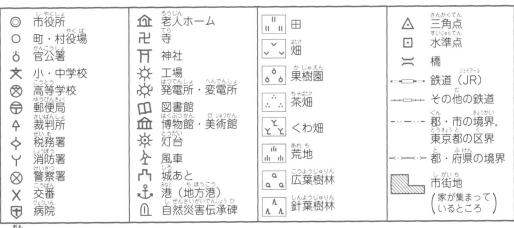
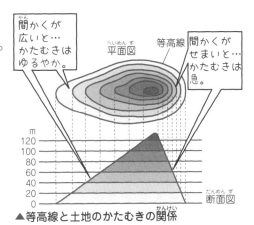

間かくが広いと…かたむきはゆるやか。

平面図　等高線

間かくがせまいと…かたむきは急。

断面図

▲等高線と土地のかたむきの関係

👥市の様子の調べ方

　市について調べるときは，調べたいすべての場所へ実際に行って調べることは難しいので，次のように調べます。

手紙を出すときや電話をするときは，失礼がないようにしよう。

☆市の**地図**や**写真（航空写真**など）を見る。あるいは**地図と写真を見くらべる。**

☆**図書館**や**図書室**で本を借りる。

☆**市役所**などで市の資料を探す。

☆**パンフレット**や**ガイドブック**などを集める。

☆調べたい場所に住んでいる人や働いている人に**手紙**を出したり，**電話**をかけてたずねる。

☆**インターネット**で調べる。

（もっとくわしく）航空写真とは，飛行機などで空中から撮影した写真です。

👥市のさまざまな場所の様子

　市のさまざまな場所の特色をつかみましょう。

☆**大きな駅の周りの様子**…デパートや会社などの**高いビル**が多い。**鉄道**や**バス**がたくさん走っていて，**交通の便がよい。**市役所や図書館などの**公共しせつ**が多い。大きな**商店街**が広がる。たくさんの人が集まるなど。

☆**港の周りの様子**…うめ立ててつくった広い土地がある。**海岸線がまっすぐになっていて，大きな船がとまっている。**大きな**工場**や**発電所**があるなど。

☆**川に沿ったところの様子**…**田や畑が広がっている。**堤防があるなど。

　ほかにも，都心に近いところに計画的につくられ，店や公共しせつがあり，公園などの緑も多くて住みやすい地域が見られます。このような地域は**ニュータウン**と呼ばれます。

●**地図の決まり**→⏥（郵便局）や‖‖（田）などの**地図記号**がある。

●**等高線**→高さが同じ地点を結んだ線。**縮尺**→実際のきょりを縮めた割合。

●**市の様子の調べ方**→**地図や写真，図書館，インターネット**などを利用。

チェック 2 　次の各問いに答えましょう。

(1) ⏥の地図記号は何を表していますか。　　　　　　　　　　（　　　　　　　）

(2) 本などを借りることができる公共しせつは何ですか。　　　（　　　　　　　）

レッスン1 の 力だめし

授業動画は
こちらから

解説は別冊p.1へ

1 右の絵を見て，次の各問いに答えましょう。

(1) これは方位を調べるための道具です。何といいますか。

（　　　　　　）

(2) 色のついたはりが指す方位は何ですか。

（　　　　　　）

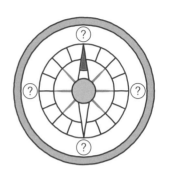

2 次のア〜エは，たんけんのときの持ち物です。たんけんするコースを書きこむものはどれですか。記号を書きましょう。

ア．カメラ　　イ．ボード　　ウ．ノート　　エ．白地図

（　　　　　　）

3 次の①〜⑥の地図記号は何を表していますか。

① ⊗　（　　　　　）　　② 🏛　（　　　　　）

③ 开　（　　　　　）　　④ ☼　（　　　　　）

⑤ 📖　（　　　　　）　　⑥ ⌣̈　（　　　　　）

4 実際のきょりを地図上に縮めた割合を何といいますか。

（　　　　　　）

5 次のア〜エのうち，市の資料を保管している公共しせつはどれですか。記号を書きましょう。

ア．市役所　　イ．公園　　ウ．小学校　　エ．美術館

（　　　　　　）

6 次のア〜ウの場所のうち，交通の便がよく，高いビルが建ち並び，大きな商店街が広がるのはどれですか。記号を書きましょう。

ア．川に沿ったところ　　イ．港の周り　　ウ．大きな駅の周り

（　　　　　　）

レッスン2 ものを売る人，つくる人

[3年／地域で働く人々]

このレッスンのはじめに♪

　みなさんは，スーパーマーケットやコンビニエンスストア，デパートや本屋など，さまざまな店に買い物に行きますね。それぞれの店は，たくさんのお客さんに来てもらえるように，いろいろなくふうをしています。ここでは，スーパーマーケットを中心に店のよいところやくふう，働く人の様子について，見ていきましょう。

　また，スーパーマーケットなどに置いてある商品をつくっている農家の人や工場の人の仕事の様子やくふうについても，確認しましょう。

1 店で働く人

買い物調べの進め方

　家の人がどの店を利用して、どんな商品を買っているか調べましょう。調べ方は、買い物のときにもらったレシートを見たり、買い物について行ったりする方法があります。**買い物に行った店と買った商品、行った人の数を表やグラフ、地図（買い物地図）にまとめましょう。**

もっとくわしく 買い物に行った店や買った品物などを書きこむ買い物調べカードをつくって調べるとよいでしょう。

▲買い物に行った店と人数

スーパーマーケットで働く人

☆**レジ係の人**…商品のバーコードをレジで読み取り、ねだんを計算します。すばやく作業するだけでなく、**お金の受けわたしをまちがえないようにしています。**

☆**商品を並べる人**…お客さんが見やすいように、きれいに商品を並べます。

☆**肉や魚を切り分ける人**…肉や魚をいろいろな大きさに切り分けます。

☆**商品を注文する人**…コンピューターなどで商品の売れぐあいを調べたうえで、商品を注文する数を決めています。

　ほかにも、そうざいをつくる人や商品を店に運び入れる人などがいます。

つけたし バーコードは白黒のしまもようのコードで、ねだんなどの商品の情報が記録されています。

スーパーマーケットの売り場のくふう

　商品がどこにあるかすぐにわかるように、**案内板**があります。また、商品のねだんなどは**シール（ねふだ、ラベル）**に大きく書いて、見やすいようにしています。**商品の種類も豊富で、お客さんがほしいものを選べるようにしています。**ほかにも通路を広くして、カートや車いすでも動きやすいようにしています。

スーパーマーケットにお客さんを集めるくふう

　お客さんが車で買い物に来られるように、広い**駐車場**をもっているところがあります。また、安売りやおすすめの商品をのせた**ちらし**を新聞などに入れて、お客さんを集めています。ほかに、使い終わった食品トレイや牛乳パックなどを回収する**リサイクルコーナー**をつくっています。

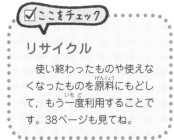

✓ここをチェック

リサイクル

　使い終わったものや使えなくなったものを原料にもどして、もう一度利用することです。38ページも見てね。

✿スーパーマーケットのサービス

　レジではクレジットカードなどでお金をはらえます。ほかにも，持ち帰り用のだんボール箱を利用できたり，買った商品を家まで届けてもらえたりします。また，レジぶくろのごみを減らすため，自分の買い物ぶくろを持ってきてくれたお客さんにサービスをしているスーパーマーケットもあります。

つけたし スーパーマーケットでは，高齢者専用の駐車場を店の入り口に近いところにつくったり，体が不自由な人を助けるほじょ犬が店に入れるようにしたりしています。

✿商品の産地

　商品がつくられた場所やとれた場所を**産地**といいます。スーパーマーケットは，国内だけでなく外国の産地からも商品を仕入れています。できるだけ安く，かつ品質がよい商品を選んでいます。商品の産地は，ねふだや商品についている**シール（ラベル）**，商品が入っていた**だんボール箱**などから調べることができます。

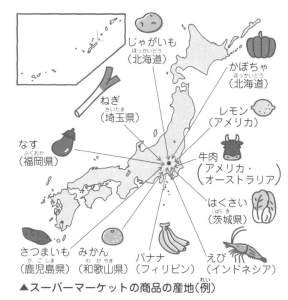

じゃがいも（北海道）
かぼちゃ（北海道）
ねぎ（埼玉県）
レモン（アメリカ）
なす（福岡県）
牛肉（アメリカ・オーストラリア）
はくさい（茨城県）
さつまいも（鹿児島県）
みかん（和歌山県）
バナナ（フィリピン）
えび（インドネシア）

▲スーパーマーケットの商品の産地（例）

✿いろいろな店

　私たちは，スーパーマーケットのほかにもいろいろな店で買い物をします。

スーパーマーケット	商品の種類が豊富。広い駐車場があるところもあります。広告のちらしで商品をせんでんしています。
コンビニエンスストア	多くが24時間営業。商品も豊富。宅配便を送ったり，コピーをとったり，お金をおろしたりできます。
専門店	ホームセンターやドラッグストアなど，専門にあつかう商品の種類が特に豊富。知識が豊富な店員さんがいます。
八百屋さん，魚屋さんなど近所の店	家から近くて歩いて行けます。料理のしかたを教えてもらったり，おまけをしてもらえたりします。
インターネットショッピング	インターネットを利用して，店に行かなくても買い物ができます。商品は宅配便で送ってもらえます。

▲いろいろな店の特色

大人数でいっしょに商品を注文する共同こうにゅうという形もあるよ。安く商品を買えるんだ。

●スーパーマーケットで働く人→**レジ係の人**や**商品を注文する人**など。

●いろいろな店→**コンビニエンスストア**，**専門店**，**八百屋さん**など。

チェック 1 次の各問いに答えましょう。

(1) レジ係の人は商品の何をレジで読み取って，ねだんを計算しますか。 （　　　　　）

(2) 商品がつくられた場所やとれた場所を何といいますか。 （　　　　　）

② 農家の人や工場で働く人

授業動画は
こちらから

👥農家の仕事

　米や野菜，くだものをつくったり，牛などを育てたりしている人たちを**農家**といいます。農家の仕事は農作物の種をまいたり，土の手入れをしたりなど，たくさんあります。

　農家の1年間のおおまかな仕事をまとめた右のようなこよみを，**農事ごよみ**といいます。農家によっては，1年間に数種類の農作物を育てていることもあります。

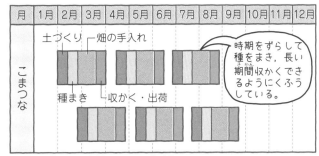

▲農事ごよみの例（こまつな農家）

👥農家のくふう

　農家の人は，日光や水などの自然をいかして農作物をつくっています。

　野菜をつくる農家は，**土づくり**に力を入れています。牛のふんなどからつくった**たいひ**などを利用して，よい土をつくっています。また，**トラクター**や**種まき機**などの農業機械を使うことで，効率的に農作業ができるようになりました。

　ほかにも，**ビニールハウスなどのしせつを利用することで，農作物の生長を調整し，時期をずらして出荷するなどのくふうもしています。**

つけたし 農作物が病気になったり，虫がついたりするのを防ぐために農薬をまいています。農薬をまく回数はできるだけ少なくすむようにくふうしています。

👥農作物が届くまで

　収かくされた農作物は，箱やかごにきれいにつめられます。そして，トラックで**青果市場（卸売り市場）**や**農協（農業協同組合）の直売所**などに出荷されます。

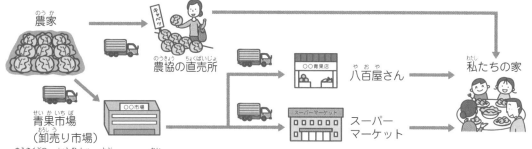

▲農作物が消費者に届くまで（例）

つけたし 農家から直接スーパーマーケットや家庭に届けられる場合もあります。

工場で働く人の仕事

　機械などを使って，工業製品をつくるところを**工場**といいます。工業製品には，食品や服，テレビなどがあります。工場では，多くの作業を**機械**が行っています。工場で働く人の仕事には，機械が正しく動いているかチェックする仕事，製品の品質を確認する仕事，注文を受けて製品をつくる数を決める仕事などがあります。

工場で働く人が気をつけること

　例えば，食品工場で働く人は，**えいせい面**に特に気をつけています。よごれがついたらすぐにわかるように**白い服**を着ています。作業を始める前には，エアシャワーでほこりを飛ばしたり，手や長ぐつを消毒したりします。

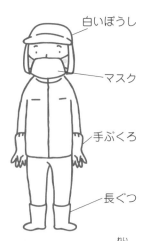

白いぼうし
マスク
手ぶくろ
長ぐつ

▲食品工場で働く人（例）

原料と製品の出荷先

　製品をつくるときに，そのもととなる材料を**原料**といいます。**工場でつくられる製品の原料は日本国内だけでなく，外国からも運ばれてきます。** できあがった製品はトラックなどで全国各地に運ばれるほか，船や飛行機で外国に運ばれるものもあります。

ポイント
●農家のくふう→たいひなどを利用した土づくり，**農業機械**や**ビニールハウス**。
●食品工場で働く人は**えいせい面**に気をつける。**原料**は外国からも運ばれる。

チェック 2　次の各問いに答えましょう。

(1) 農家の1年間のおおまかな仕事をまとめたこよみを何といいますか。　　（　　　　　）

(2) 製品のもととなる材料を何といいますか。　　　　　　　　　　　　（　　　　　）

レッスン2の力だめし

授業動画は
こちらから 6

解説は別冊p.1へ

1 スーパーマーケットのくふうについて，次の各問いに答えましょう。

(1) お客さんが車で買い物に来られるように，スーパーマーケットがつくっているものは何ですか。

(　　　　　　　　　)

(2) 安売りやおすすめの商品をお客さんに知らせるために，スーパーマーケットが新聞などに入れて配るものは何ですか。

(　　　　　　　　　)

2 次のア～エのうち，商品の産地を調べるために見るとよいものはどれですか。すべて選んで，記号を書きましょう。

ア．シール（ラベル）　　イ．案内板　　ウ．ねふだ　　エ．レジぶくろ

(　　　　　　　　　)

3 次の①～④の店の特色として正しいものを，あとのア～エから，それぞれ記号で選びましょう。

①近所の店　（　　　　　　）　　②コンビニエンスストア　（　　　　　　）
③専門店　　（　　　　　　）　　④スーパーマーケット　（　　　　　　）

ア．食品トレイや牛乳パックを回収するリサイクルコーナーがあります。
イ．多くが24時間営業で，宅配便を送れたり，お金をおろせたりします。
ウ．専門にあつかう商品の種類が特に多く，知識が豊富な店員がいます。
エ．家から歩いて行けます。顔見知りでおまけをしてくれることもあります。

4 農家の人がよい土をつくるために土に混ぜる，牛のふんなどからつくった肥料を何といいますか。

(　　　　　　　　　)

5 次の文章の（　　）にあてはまる言葉を書きましょう。

食品工場で働く人は，（　①　）面に特に気をつけています。よごれがついたらすぐにわかるように，服は（　②　）色です。ほかにも，作業を始める前には，エアシャワーでほこりを飛ばしたり，手や長ぐつを消毒したりします。

①（　　　　　　　　　）　②（　　　　　　　　　）

レッスン 3 昔の暮らし，今の暮らし

[3・4年／私たちの暮らしの変化]

このレッスンのはじめに♪

　みなさんが住むまちには古い建物や，古くから行われている祭りなどがありますか？　古い建物がいつ建てられたものであるか，祭りにはどんな願いがこめられているかなどについて調べてみると，今まで知らなかった新たな発見があるかもしれません。実際に祭りに参加してみるのもよいでしょう。

　また，昔の暮らしと今の暮らしはどんなところがちがっていて，私たちが使う道具はどのように変わってきたのか，くわしく見ていきましょう。

① 道具と暮らしの変化

 昔の道具の調べ方

昔の道具について調べるときは，地域にある**きょう土しりょう館（きょう土参考館）やはくぶつ館**に行ってみましょう。わからないことがあったときは，係の人に聞いてみましょう。ほかにも，家族や近所に住むおじいさん，おばあさんに子どものころの話を聞くのもよいでしょう。

つけたし 学校にきょう土しりょう室がある場合は，そこで昔の道具を探してみましょう。

 昔の暮らし

せんたく板
たらい
かま
かまど
七輪

上の絵は昔の暮らしの様子で，次のような道具があることがわかります。

☆**かまどとかま**…かまどで火をおこして，まきを燃やして使います。かまどの上にかまをかけ，うちわなどでかまどの火を調整して，ご飯などをたきます。

☆**七輪**…かまどとかまと同じく，調理用の道具で，炭を燃やして使います。あみをのせて魚などを焼くことができ，持ち運んで使えることも特ちょうです。

☆**せんたく板とたらい**…たらいに水を入れて，せっけんをつけたせんたくものをせんたく板のぎざぎざしているところにこすりつけて，よごれを落とします。

これらの道具を使った料理やせんたくには，今よりずっと時間と手間がかかっていました。また，道具を使いこなすためには，こつも必要でした。

つけたし 上の絵からは，子どもがしっかりお手伝いをしていることもわかります。

道具と暮らしの変化

私たちの身の回りの道具は，昔に比べて便利になりました。さまざまな電化製品が登場して，家事にかかる時間は短くなりました。その分，仕事をがんばったり，趣味に時間を使ったりできるようになり，暮らしの形も変化しました。

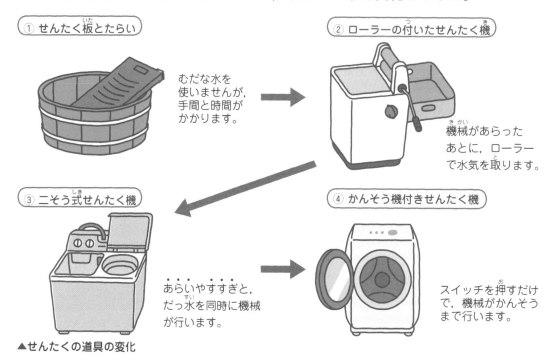

① せんたく板とたらい

むだな水を使いませんが，手間と時間がかかります。

② ローラーの付いたせんたく機

機械があらったあとに，ローラーで水気を取ります。

③ 二そう式せんたく機

あらいやすすぎと，だっ水を同時に機械が行います。

④ かんそう機付きせんたく機

スイッチを押すだけで，機械がかんそうまで行います。

▲せんたくの道具の変化

年表にまとめる

道具の変化については，年表にまとめるとわかりやすくなります。

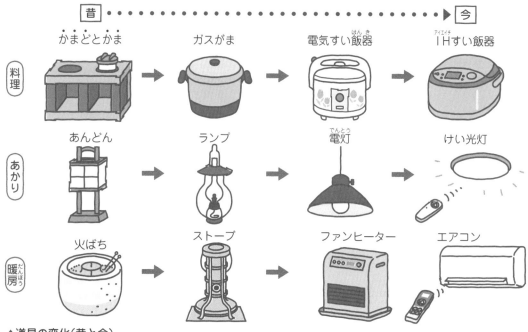

昔 ▶ 今

料理 かまどとかま → ガスがま → 電気すい飯器 → ＩＨすい飯器

あかり あんどん → ランプ → 電灯 → けい光灯

暖房 火ばち → ストーブ → ファンヒーター → エアコン

▲道具の変化（昔と今）

●きょう土しりょう館（きょう土参考館）やはくぶつ館で昔の道具を調べる。

●昔の暮らし→家事に時間と手間がかかった。

●今の暮らし→道具が便利になり，家事にかかる時間は短くなった。

チェック 1　次の各問いに答えましょう。

(1) 地域の歴史に関係したしりょうを展示しているしせつは何ですか。　（　　　　　）

(2) 道具の変化は何にまとめるとわかりやすいですか。　（　　　　　）

---

2 古くから続く祭りや行事

授業動画は
こちらから

地域に残る伝統文化

　私たちが暮らすまちには，古くから続く**祭り**があります。また，古くから伝えられてきたおはやしや踊りなどの**伝統芸能**（**きょう土芸能**）があります。ほかにも，地域の自然をいかして，焼き物や和紙などの**伝統的工芸品**をつくっているところがあります。**これらの祭りや伝統芸能，伝統的工芸品や七夕などの年中行事をまとめて，伝統文化といいます。**なかには国や県などが**文化ざい**として指定し，大事に守っていくことを決めたものもあります。

つけたし　伝統的工芸品は，伝統工業でつくられたもののうち，国（経済産業大臣）によって特にすぐれていると指定された工芸品です。

（祭り）　（伝統芸能）　（伝統的工芸品）　（年中行事）

▲さまざまな伝統文化

祭りや年中行事にこめられたもの

　地域に残る祭りや年中行事には，**農作物がたくさんとれることや，人々の健康や安全などを願う気持ちがこめられています。**これらの祭りや年中行事が今でも続いているのは，地域の人々が将来に伝えていこうとする努力をしてきたからです。私たちもそれを受けついで伝えていくことがとても大切です。

　祭りや年中行事は，地域の人々の結び付きを強めるはたらきもあります。

♣さまざまな年中行事

　毎年決まった時期に古くから行われている行事を年中行事といい，七夕や節分などがあります。七夕はたんざくに願い事を書いて，ささにつるすなどします。節分は豆をまいて鬼に見立てた病気などを追いはらい，幸せを願います。

　下にまとめた年中行事のほかにも，地域によってさまざまな年中行事があります。また，地域によって行われる時期がちがう年中行事もあります。

1月	2月	3月	4月	5月	6月
初もうで・正月	節分	ももの節句	お花見	たんごの節句	

7月	8月	9月	10月	11月	12月
七夕	おぼん	お月見	秋祭り	七五三	大みそか

▲年中行事（主なもの）

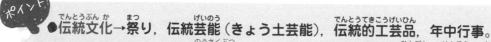

ポイント

●伝統文化→祭り，伝統芸能（きょう土芸能），伝統的工芸品，年中行事。
●祭りや年中行事には，農作物がたくさんとれることや，人々の健康や安全などを願う気持ちなどがこめられている。
●年中行事→毎年決まった時期に古くから行われている行事。

チェック2　次の各問いに答えましょう。

(1) 古くから伝わるおはやしや踊りなどを何といいますか。　　　　　（　　　　　）
(2) 毎年決まった時期に古くから行われている行事を何といいますか。（　　　　　）

授業動画は
こちらから

➡ 解説は別冊p.2へ

1 次のア～エの絵を見て、あとの各問いに答えましょう。

ア　　　　　　　イ　　　　　　　ウ　　　　　　　エ

(1) ア～エの道具は何に使われるものですか。

（　　　　　　　　　　　）

(2) ア～エの道具を古いものから順番に、記号で並びかえましょう。

（　　　　→　　　　→　　　　→　　　　）

2 道具の変化については、何にまとめるとわかりやすいですか。

（　　　　　　　　　　　）

3 地域の自然をいかしてつくられる焼き物や和紙などのうち、国（経済産業大臣）によって特にすぐれていると指定されたものを何といいますか。

（　　　　　　　　　　　）

4 古くから続く祭り、おはやしなどの伝統芸能（きょう土芸能）、年中行事などをまとめて何といいますか。
（　　　　　　　　　　　）

5 次の①、②の年中行事の説明として正しいものを、あとのア～ウから、それぞれ記号で選びましょう。

①七夕（　　　　　　　）　　②節分（　　　　　　　）

ア．子どもが無事に育ってほしいという、お父さんやお母さんなどの願いがこめられています。

イ．たんざくに願い事を書いて、ささにつるすなどします。

ウ．豆をまいて鬼に見立てた病気などを追いはらい、幸せを願います。

 **レッスン**

まちを守るのはだれ？

[3・4年／安全なまち]

このレッスンのはじめに♪

　みなさんが住むまちで火事や事故が起きたときは，消防士や警察官が出動して，消火や交通整理を行い，被害が大きくならないようにしています。では，火事や事故がないとき，消防士や警察官は何をしているか，知っていますか？　ここでは，まちの暮らしを守る消防士や警察官の仕事をくわしく見ていきましょう。

　また，火事や事故，そして地震などの自然災害に備えて，私たちはふだんからどんな取り組みをしておくべきかもおさえておきましょう。

① 災害からまちを守る

🔥 火事が起きたとき

火事が起きたときは，119番に電話をかけます。119番にかけた電話は，消防本部（消防局）の**通信指令室（指令室，通信指令課）**につながります。**通信指令室は火事の現場に近い消防署に連らくをして，消防自動車や救急車を現場に向かわせます。** 通信指令室はほかにも近くの消防団や警察署，病院や水道局，電力会社やガス会社などにも連らくをして，協力を求めます。

119番
に電話

○○町で
火事です！

消防団

消防署
（消防出張所）

通信指令室

交通整理

警察署

水をたくさん
使えるようにする

水道局

病院
けが人を
受け入れ

ガスを
とめる

ガス会社

電気を
とめる

電力会社

▲火事のときの連らくのしくみ

つけたし 火事が大きくなったときは，周りの市町村からも消防自動車などがかけつけて，協力して消火します。

🔥 消防署で働く人の仕事

消防署で働く消防士は，火事が起こっていないときも火事に備えて，消防自動車や器具の点検をしています。また，**消火訓練や救助訓練**にも力を入れています。ほかにも，地域を回って防火の呼びかけをしたり，学校や会社などで消火訓練を指導したりしています。

火事はいつ起きるかわかりません。そのため，**消防士はいつでも出動できるように24時間交代で働いています。**

もっとくわしく 救急車で出動し，けが人などを病院に運ぶ救急隊員も消防署で働いています。

🔥 消防自動車や防火服

消防署にはさまざまな**消防自動車や救急車**があり，火事を少しでも早く消火して，多くの人を助けられるようにしています。また，消防士の人が着る**防火服**は，ある程度炎や火に近づけるように，熱に強い材料でつくられています。防火服のテープは，光が当たると反射するようになっていて，暗い場所でも消防士の位置がわかります。

はしご車
高いところで
消火・救助を
行います。

ポンプ車
消火せんにつないで
消火します。

▲消防自動車（主なもの）

🔥学校にある消防設備

　小学校や中学校には，火事に備えてさまざまな消防設備があります。火事が起こったときに火を消す**消火器**や，火事の発生を知らせる**自動火災報知設備**があります。ほかにも，火事の広がりを防ぐ**防火とびら（防火シャッター）**や，消火活動に利用する**消火せん**があります。また，プールは**防火水そう**として使われることもあります。

もっとくわしく 防火水そうは消火のために，大量の水をためておく消防設備です。

☑ここをチェック

自動火災報知設備
　火災報知器ともいいます。熱感知器やけむり感知器が熱やけむりを感じとって受信機に知らせ，受信機は警報で火事が起こったことを知らせます。住宅には住宅用火災警報器の設置が義務づけられています。

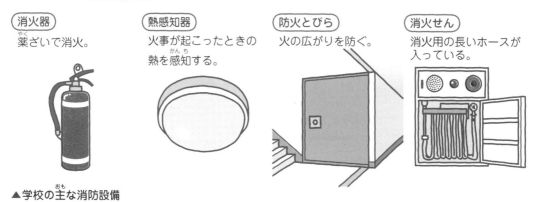

（消火器）
薬ざいで消火。

（熱感知器）
火事が起こったときの熱を感知する。

（防火とびら）
火の広がりを防ぐ。

（消火せん）
消火用の長いホースが入っている。

▲学校の主な消防設備

🔥まちの消防しせつと消防団

　まちにも**消火せん**や**防火水そう**などの消防しせつがあります。また，公園などは火事のときの避難場所として指定されています。消火せんや防火水そうがあるところ，火事のときの避難場所などは**標識（かん板）**で示されています。

　また，まちの人たちは協力して**消防団**という組織をつくっています。**火事が起きたときは，消防署の人と力を合わせて消火活動を行います。**消防団の人は，ふだんは別の仕事をしながら，火事が起こったときには出動し，火事が起こっていないときも防火の呼びかけや消火訓練などをしています。

🔥自然災害への取り組み

　大雨などによる水害，地震，地震にともなう津波や山くずれなどの自然災害によって，大きな被害が出ることがあります。これらの自然災害による被害をおさえるために，地域では**ハザードマップ（防災マップ）**や，避難場所などを決めた**防災計画**をつくっています。また，学校や会社では救助や避難などの練習をする**防災訓練**を行っています。ほかにも，家庭では非常食や水，ラジオなどを入れた**防災ぶくろ（非常持ち出しぶくろ）**を用意しておくことが大切です。

●火事が発生→**119番**→**通信指令室**につながり，消防署や病院などへ連らく。

●学校の消防設備→**消火器，自動火災報知設備，防火とびら，消火せん**など。

●**地震**などによる被害をおさえるために，**ハザードマップ**などを作成。

チェック 1　次の各問いに答えましょう。

(1)　火事のときは何番に電話をかけますか。　　　　　　　（　　　　　　　）

(2)　火事の現場で，消防士が着る服を何といいますか。　（　　　　　　　）

---

❷ 事故や事件からまちを守る

授業動画は
こちらから

🔎事故や事件が起きたとき

　事故や事件が起きたときは，**110番**に電話をかけます。110番にかけた電話は，警察本部の**通信指令室（通信指令センター）**につながります。**通信指令室は，事故や事件の現場に近い警察署や消防署，パトロールカーなどに連らくします。** そして，連らくを受けた警察官がすぐに現場に向かうようなしくみになっています。

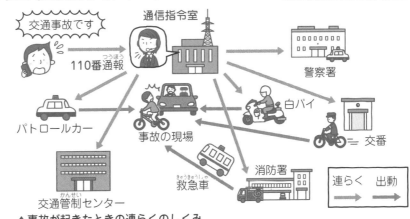

▲事故が起きたときの連らくのしくみ

🔎警察官の仕事

　まちの暮らしを守るため，地域ごとに**交番**が置かれています。**交番で働く警察官は，道案内や落とし物の受けつけをしたり，まちのパトロール（見回り）をしたりしています。** ほかにも警察官には，次のような仕事があります。

☆**交通い反の取りしまり**…事故を防ぐため，駐車い反などを取りしまります。

☆**交通整理**…交通量が多いところなどで，車や自転車，人の流れを整理します。

☆**交通事故の原因調査**…交通事故が再び起きないように，事故原因を調べます。

☆**交通安全教室**…小学校などで自転車の正しい乗り方や交通ルールを教えます。

♣安全のための設備や取り組み

まちには安全のためのさまざまな設備があります。歩道と車道を分けて，歩行者を車から守る**ガードレール**や，歩行者の安全のために道路をまたぐようにつくられた**歩道橋**（**横断歩道橋**）があります。ほかにも次のような設備があります。

信号機
車や人の流れを調整。

横断歩道
安全に道路を渡れる。

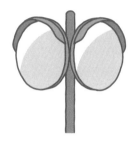
カーブミラー
カーブの先が見える。

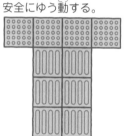
点字ブロック
目が不自由な人を
安全にゆう動する。

▲まちの交通安全のための設備（主なもの）

体が不自由な人や高齢者のために，点字ブロックのほかにも，音の出る信号機や，スロープ（坂道）やエレベーターのある歩道橋などがつくられています。

地域の人たちによる，まちの安全を守る取り組みも行われています。子どもが事件に巻きこまれそうになったときに，助けを求められるように**子ども110番**の店や家などを設けています。交通事故が起こりやすい場所や人通りが少なく注意が必要な場所などを書きこんだ**安全マップ**をつくっているところもあります。

♣安全のための法や決まり

事故や事件に巻きこまれないようにするために，私たちは**法や決まり**を守らなくてはいけません。道路を歩くときや自転車に乗るときは，決められた**交通ルール**を守って，右のような**交通標識**もしっかり確認するようにしましょう。

歩行者専用

歩行者だけが通れる。

歩行者横断禁止

歩行者は渡ってはいけない。

▲まちの交通標識（主なもの）

ポイント
●事故や事件の発生→110番に電話→警察本部の通信指令室につながる。
●警察官の仕事→まちの**パトロール**や**交通い反の取りしまり**など。

チェック 2 次の各問いに答えましょう。

(1) 事故や事件が起きたときは何番に電話をかけますか。 （　　　　　）
(2) (1)でかけた電話は警察本部のどこにつながりますか。 （　　　　　）

授業動画は
こちらから

➡ 解説は別冊p.2へ

1 火事が起きたときの連らくのしくみについて，次の各問いに答えましょう。

(1) 火事が起きたときは何番に電話をかけますか。

（　　　　　　　）

(2) (1)の電話は消防本部 (消防局) のどこにつながりますか。

（　　　　　　　）

(3) (2)が火事の現場近くでの交通整理をお願いするところはどこですか。

（　　　　　　　）

2 次のア〜エのうち，火事の発生を知らせる消防設備はどれですか。記号を書きましょう。

ア．防火とびら (防火シャッター)　　イ．消火器
ウ．自動火災報知設備　　　　　　　エ．防火水そう

（　　　　　　　）

3 自然災害などに備えて，非常食や水などを入れたふくろを何といいますか。

（　　　　　　　）

4 次のア〜エのうち，警察官の仕事はどれですか。すべて選んで，記号を書きましょう。

ア．交通い反の取りしまり　　イ．けが人を運ぶこと
ウ．消火活動　　　　　　　　エ．まちのパトロール (見回り)

（　　　　　　　）

5 次のア〜エのうち，目が不自由な人のための設備はどれですか。記号を書きましょう。

ア　　　　　　イ　　　　　　ウ　　　　　　エ

   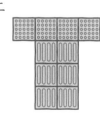

（　　　　　　　）

レッスン 5

水はどこから？ ごみはどこへ？

[3・4年／住みよいまち]

このレッスンのはじめに♪

　ごみはもえるごみ，もえないごみ，資源ごみなどにしっかり分けて，決められた曜日・時間に，決められた場所へ出さなくてはいけません。ごみはなぜ分ける必要があるのでしょうか？　集められたごみはどこへ運ばれるのでしょうか？　くわしく見ていきましょう。

　また，私たちが毎日の生活で使う水は大切な資源です。水はどこから来るのか，使ったあとの水はどこへ行くのかについてもおさえておきましょう。

❶ 水はどこからどこへ

💧生活に欠かせない水

　私たちは生活の中で，手あらいや歯みがき，せんたくや料理，お風呂やトイレなど，さまざまな場面でたくさんの水を使っています。家や学校のじゃ口から出る水は**水道管**などを通して，**浄水場**から届けられます。このように家や学校などに水を届けることを**給水**といいます。水は限りある資源で大切に使わなくてはいけません。そのため，私たちは歯みがきや顔をあらうときに，水を出しっぱなしにしないようにするなどして，**節水**を心がけることが重要です。

💧浄水場の仕事

　浄水場は，川につくられた取水口（取水ぜき）から取り入れた水を消毒するなどしてきれいにして，安心・安全な飲める水をつくり，家や学校などに届けます。浄水場は，取り入れた水やつくった水を薬品や機械を使って，安全な水かどうか**水質検査**を行っています。浄水場の中で水がきれいになる様子や水を送り出す様子は，**中央管理室（中央操作室，中央せいぎょ室）**でチェックしています。

もっとくわしく　浄水場は24時間動いているので，私たちはいつでも安全な水を使うことができます。

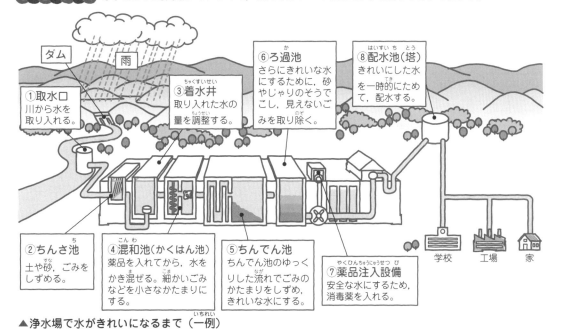

▲浄水場で水がきれいになるまで（一例）

💧水道の設備を整える

　水をむだなく届けるために，水道局の人は水道管が水もれしていないか，調べています。また，古くなった水道管を取りかえるようにしています。

つけたし　水道管は役割ごとに，導水管，送水管，下水管と分けて呼びます。

ダムと水源の森

　浄水場が水を取り入れる川の上流には，**ダム**がつくられています。**ダムには川の水の量を調節する役目があります**。ダムは水をたくわえておいて，雨が降らず水が足りなくなったときに，たくわえておいた水を流します。また，ダムは洪水を防ぐことができるほか，**水力発電**にも利用されています。

　川の流域に広がる森林にも重要な役割があり，**水源の森**，または「**緑のダム**」と呼ばれます。私たちがこれからもきれいな水を使うためには，水源の森を大切に守っていかなくてはいけません。

> **☑ ここをチェック**
>
> **水源の森**
> 　森林は雨やわき水をたくわえることができ，たくわえられた水はすぐに流れ出さずにゆっくりと川などに流れ出すため，水源の森と呼ばれます。水源の森林ともいいます。

使った水のゆくえ

　家や学校で使った水は，下水処理場（下水処理しせつ，浄化センター）に集められ，きれいな水にしたあと，川や海に流されます。下水処理場できれいにした水を，ふん水などの水として再利用しているところもあります。

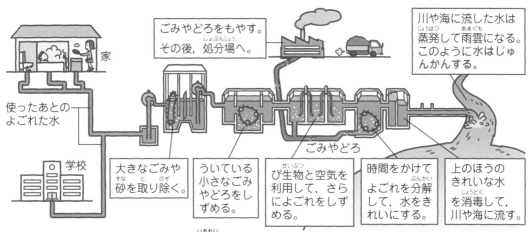

▲下水処理場で水がきれいになるまで（一例）

> **ポイント**
> ●浄水場は川などから水を取り入れ，安心・安全な飲める水をつくる。
> ●ダム→川の水の量を調節する役目。森林は水源の森と呼ばれる。

チェック1　次の各問いに答えましょう。

⑴　安心・安全な飲める水をつくるしせつを何といいますか。　　　（　　　　　　）

⑵　ダムは何発電に利用されていますか。　　　　　　　　　　　　（　　　　　　）

ごみはどこへ

授業動画は
こちらから　⑭

⑭ ## 🔬ごみの分別

　ごみは種類ごとに分けなくてはいけません。これを**分別**といいます。**ごみを分別したうえで，決められた曜日・時間に，決められた場所へ，決められた種類のごみを出します。**ごみの種類には次のようなものがあります。

☆**もえるごみ（もやすごみ）**…生ごみ，紙類・布類，花・草・かれ葉など。

☆**もえないごみ（もやさないごみ）**…ガラスや陶磁器，小型家電製品など。

☆**資源ごみ（資源物）**…びん・かん，ペットボトル，食品トレイ，古紙など。

☆**危険ごみ**…スプレーかん，温度計，乾電池，ライター，けいこう管など。

☆**大型ごみ（そ大ごみ）**…ソファーなどの家具，ベッドなどの寝具など。

　ごみの種類や分け方は市（区）町村によってちがいます。出されたごみは，市（区）町村の**収集車（パッカー車）**が決められたルートを通って回収します。ごみは種類ごとに処理の方法が異なるため，運ばれる場所も異なります。

🔬もえるごみのゆくえ

　もえるごみは**清掃工場**に運ばれてもやされます。**もやしたごみは灰となり，もやされる前よりも量が減ります。**灰の一部は**（最終）処分場**に運ばれ，うめられます。

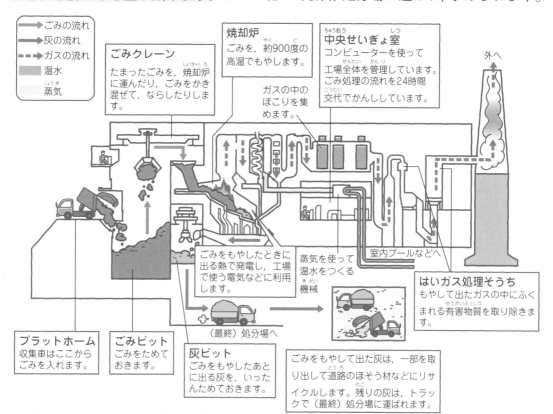

▲清掃工場でごみを処理する様子（一例）

♣処分場の問題

清掃工場から出た灰の一部や，もえないごみは処分場に運ばれてうめられます。

しかし，処分場はいつかいっぱいになり，新しく処分場をつくれる場所や広さも限られているため，ごみの量をできるだけ少なくすることが求められています。

♣資源ごみのゆくえ

びん・かんやペットボトルなどの資源ごみは，**リサイクルプラザ（資源化センター）**に運ばれます。そこで分別されたあと，種類ごとにリサイクル工場などに運ばれて，一度原料に戻され，新たな製品に生まれ変わります。

このようにリサイクルできるものの中には，右のような**リサイクルマーク**がついているものもあります。また，エアコン，せんたく機，テレビなどのリサイクルについて定めた**家電リサイクル法**などの法律も制定されています。

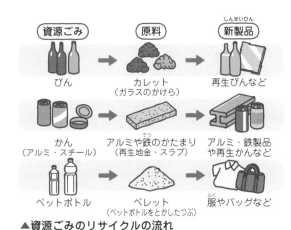

▲資源ごみのリサイクルの流れ

スチールかん　　アルミかん　　ペットボトル

▲主なリサイクルマーク

つけたし リサイクルについては，17ページも見てみましょう。

♣ごみを減らす３R

ごみを減らして環境を守るためには，ごみそのものを減らすリデュース（Reduce），ものを大切にしてくり返し使うリユース（Reuse），使い終わったものを一度原料に戻して再利用するリサイクル（Recycle）の取り組みが重要です。これらの3つの取り組みは，英語の頭文字をとって，**３R**と呼ばれます。

ポイント

●ごみの**分別**→**もえるごみ**，**もえないごみ**，**資源ごみ**，そ大ごみなど。

●もえるごみは**清掃工場**へ。資源ごみは**リサイクルプラザ**などへ。

チェック2 次の各問いに答えましょう。

(1) びん・かんやペットボトルはどのごみに分けられますか。　　　　　（　　　　　）

(2) ごみを集める市（区）町村の車を何といいますか。　　　　　　　　（　　　　　）

5 の力だめし

授業動画は
こちらから

➡ 解説は別冊p.3へ

1 川などから水を取り入れて，安心・安全な飲める水をつくり，家や学校などに届けるしせつを何といいますか。

（　　　　　　　　　）

2 川の上流などにつくられ，川の水の量を調節する役目があるしせつを何といいますか。

（　　　　　　　　　）

3 森林は雨水などをたくわえてゆっくりと川などに流し出すはたらきがあることから，何の森と呼ばれますか。

（　　　　　　　　　）

4 家や学校で使った水をきれいな水にするしせつを何といいますか。

（　　　　　　　　　）

5 次の文章の（　　）にあてはまる言葉を書きましょう。

　ごみを種類ごとに分けることを（　①　）といいます。（　①　）したごみのうち，もえるごみは（　②　）に運ばれてもやされます。もやしたごみは灰となり，その一部は（　③　）に運ばれます。灰の中には道路のほそう材などとして再利用されるものもあります。びん・かんやペットボトルなどの（　④　）ごみは，リサイクルプラザ（資源化センター）に運ばれます。

①（　　　　　　　）　②（　　　　　　　　）
③（　　　　　　　）　④（　　　　　　　　）

6 次の①〜③の取り組みの説明として正しいものを，あとのア〜ウから，それぞれ記号で選びましょう。

①リデュース　（　　　　　　　）　　②リユース　（　　　　　　　　）
③リサイクル　（　　　　　　　）

ア．使い終わったものを一度原料に戻して再利用します。

イ．ものを大切にしてくり返し使います。

ウ．ごみそのものを減らします。

レッスン6 1都1道2府43県？

[4年／都道府県の様子]

このレッスンのはじめに♪

　みなさんは日本地図の中から，自分が住んでいる都道府県をすぐに見つけることができますか？　自分が住んでいる都道府県はどの地方にあり，どんな特色があるか知っているでしょうか？

　日本には47の都道府県があります。47都道府県の位置と名前，都道府県庁所在地，地方区分，各都道府県の特色などをおさえることは，社会科を勉強していくうえでとても大切です。47都道府県について，しっかり学びましょう。

1 47都道府県と地方区分

授業動画は
こちらから ▸ 16

🎵 47都道府県と地方区分

　日本には47の都道府県があります。**47都道府県は，1都（東京都），1道（北海道），2府（大阪府・京都府），43県からなります。**

　47都道府県は北海道地方，東北地方，関東地方，中部地方，近畿地方，中国・四国地方，九州地方の7つの地方に分けることができます。中国・四国地方を中国地方と四国地方に分けて，8つの地方に分ける場合もあります。

中部地方は北陸・中央高地・東海の3つの地域に分けることができるんだ。

▲47都道府県と7地方区分

🎵 都道府県庁所在地

　都道府県には，それぞれ**都道府県庁**という役所があります。都道府県庁は，それぞれの都道府県の政治を中心になって行っています。**都道府県庁所在地**とは，それぞれの都道府県庁がある都市のことです。

　都道府県名と都道府県庁所在地名が同じところもあれば，ちがうところもあります。**都道府県名と都道府県庁所在地名がちがうところは全部で17あります。さ**いたま市（埼玉県）を入れると18です。

松江市と松山市，津市と大津市など，似た名前の都道府県庁所在地があるので，まちがえないようにしようね。

▲47都道府県の都道府県庁所在地

● 47都道府県→1都（東京都），1道（北海道），2府（大阪府，京都府），43県からなる。

● 7地方区分→北海道地方，東北地方，関東地方，中部地方，近畿地方，中国・四国地方，九州地方。

● 都道府県庁所在地→都道府県の政治の中心となる都道府県庁がある都市。

チェック 1　次の各問いに答えましょう。

(1) 日本にはいくつの都道府県がありますか。　　　　　　　　　（　　　　　　）

(2) 7地方区分で最も北にある地方は何ですか。　　　　　　　　（　　　　　　）

(3) 栃木県の県庁所在地はどこですか。　　　　　　　　　　　　（　　　　　　）

2 都道府県の特色

⑰ ♣面積が大きい都道府県と小さい都道府県

都道府県の中で最も面積が大きいのは北海道です。2番目に面積が大きいのは岩手県です。ついで,福島県,長野県,新潟県と続きます。

都道府県の中で最も面積が小さいのは香川県です。2番目に面積が小さいのは大阪府です。ついで,東京都,沖縄県,神奈川県と続きます。

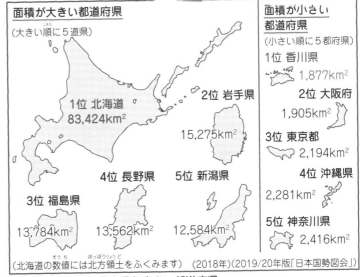

面積が大きい都道府県
（大きい順に5道県）

1位 北海道
83,424km²

2位 岩手県
15,275km²

3位 福島県
13,784km²

4位 長野県
13,562km²

5位 新潟県
12,584km²

面積が小さい
都道府県
（小さい順に5都府県）

1位 香川県
1,877km²

2位 大阪府
1,905km²

3位 東京都
2,194km²

4位 沖縄県
2,281km²

5位 神奈川県
2,416km²

（北海道の数値には北方領土をふくみます）　（2018年）（2019/20年版「日本国勢図会」）
▲面積が大きい都道府県と小さい都道府県

♣人口が多い都道府県と少ない都道府県

都道府県の中で最も人口が多いのは東京都です。2番目に人口が多いのは神奈川県です。ついで,大阪府,愛知県,埼玉県と続きます。

都道府県の中で最

順　位	都道府県	人口（万人）
1位	東京都	1382
2位	神奈川県	917
3位	大阪府	881
4位	愛知県	754
5位	埼玉県	733

（2018年）（2019/20年版「日本国勢図会」）
▲人口が多い都道府県

順　位	都道府県	人口（万人）
1位	鳥取県	56
2位	島根県	68
3位	高知県	71
4位	徳島県	74
5位	福井県	77

（2018年）（2019/20年版「日本国勢図会」）
▲人口が少ない都道府県

も人口が少ないのは鳥取県です。2番目に人口が少ないのは島根県です。ついで,高知県,徳島県,福井県と続きます。

♣海に囲まれた都道府県と内陸県

北海道と沖縄県は,周りを海に囲まれており,ほかの県と陸地で接していません。

いっぽう,海に面していない都道府県もあります。これを**内陸県**といいます。栃木県,群馬県,埼玉県,山梨県,長野県,岐阜県,滋賀県,奈良県の8県が内陸県です。41ページの地図でもう一度確認してみましょう。

つけたし　長野県は8つの県と接しており,最も多くの都道府県と接しています。

🎇都道府県の名産品

　各都道府県には，全国的に有名な農産物や水産物などがあります。これを**名産品（特産品）**といいます。名産品には，農産物や水産物などを加工したものもあります。

つけたし 讃岐や越前など，商品名に昔の国名がついた名産品があります。

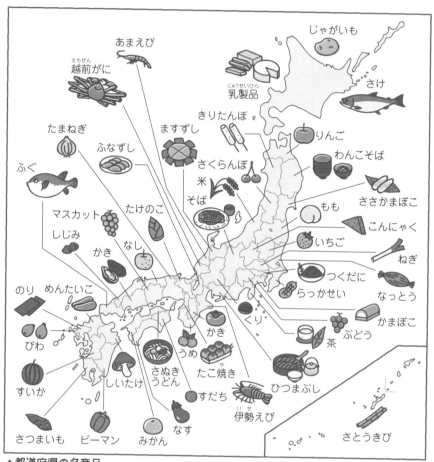

▲都道府県の名産品

ポイント

●面積が大きい→**北海道，岩手県**…。面積が小さい→**香川県，大阪府**…。
●人口が多い→**東京都，神奈川県**…。人口が少ない→**鳥取県，島根県**…。
●周りを海に囲まれた都道府県→**北海道と沖縄県**。８つの**内陸県**。

チェック 2　次の各問いに答えましょう。

(1)　面積が最も大きい都道府県はどこですか。　　　　　　　　　　（　　　　　　　）
(2)　人口が最も少ない都道府県はどこですか。　　　　　　　　　　（　　　　　　　）

いち6の力だめし

授業動画は
こちらから ⑱

➡ 解説は別冊p.3へ

1 右の地図を見て，次の各問いに答えましょう。

(1) ①～⑥の都道府
県名は何ですか。

① (　　　　　)
② (　　　　　)
③ (　　　　　)
④ (　　　　　)
⑤ (　　　　　)
⑥ (　　　　　)

(2) 7地方区分で①
～⑥の都道府県は
何地方ですか。

① (　　　　　)
② (　　　　　)
③ (　　　　　)
④ (　　　　　)
⑤ (　　　　　)
⑥ (　　　　　)

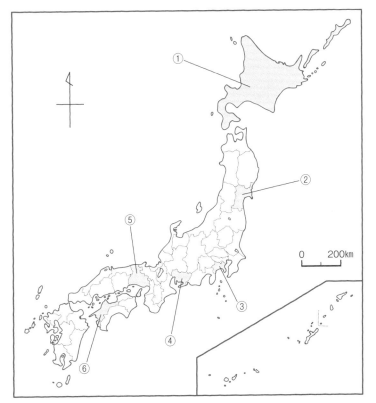

(3) ①～⑥の都道府県の都道府県庁所在地はどこですか。

① (　　　　　　　)　② (　　　　　　　　)　③ (　　　　　　　　)

④ (　　　　　　　)　⑤ (　　　　　　　　)　⑥ (　　　　　　　　)

2 都道府県の特色について，次の各問いに答えましょう。

(1) 面積が最も小さい都道府県はどこですか。

(　　　　　　　　)

(2) 人口が最も多い都道府県はどこですか。

(　　　　　　　　)

(3) 周りを海に囲まれた都道府県は，北海道ともうひとつはどこですか。

(　　　　　　　　)

(4) 最も多くの県と接している都道府県はどこですか。

(　　　　　　　　)

日本は地球のどこにあるの？

［5年／私たちの暮らしと国土①］

このレッスンのはじめに♪

　みなさんは世界地図や地球儀を見たことがありますか？　家や学校の世界地図や地球儀をじっくりとながめてみましょう。日本はどこにあるのか，日本の近くにはどんな国があるのか，陸地と海洋ではどちらが広いのか，きっといろいろな発見があるはずです。

　ここでは，世界のすがた，日本の位置や範囲，日本の地形についてくわしく学びましょう。

① 世界のすがた

授業動画は
こちらから ▭ 19

🙋大陸と海洋

地球の表面には，陸地と海洋があります。**陸地と海洋では，海洋のほうが広く，全体の約70％をしめています。**

主な海洋は，**太平洋**，**大西洋**，**インド洋**の3大洋で，最も大きいのは太平洋です。

陸地には**ユーラシア大陸**，アフリカ大陸，北アメリカ大陸，南アメリカ大陸，オーストラリア大陸，南極大陸の6大陸があります。最も大きいのはユーラシア大陸，最も小さいのはオーストラリア大陸です。

▲地球の6大陸と3大洋

オーストラリア大陸には，1つの国（オーストラリア）しかないのよ。

🙋地球儀

地球の形をそのまま縮めたものが**地球儀**です。**面積や方位，陸地や海洋の形を正しく表すことができます。**これに対して世界地図は平面に表すので，地球儀のように面積や方位，陸地や海洋の形をすべて同時に正しく表すことができません。

🙋緯度と経度

地球儀や世界地図には，たての線や横の線が引かれています。これは緯線，経線と呼ばれるものです。

赤道を0度として，南北を90度ずつに分けたものを**緯度**といい，同じ緯度の地点を結んだ線が**緯線**です。赤道より北を**北緯**，南を**南緯**といいます。イギリスのロンドンを通る**本初子午線**を0度とし

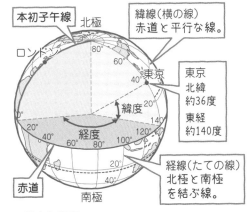

▲緯度と経度

て，東西を180度ずつに分けたものを**経度**といい，同じ経度の地点を結んだ線が**経線**です。本初子午線より東を**東経**，西を**西経**といいます。

世界の国々

　世界には，190をこえる国があります。それぞれの国は，**国旗**をもっています。国旗には，その国のなりたちや国民の思いがこめられています。下で取り上げた国と，それ以外の国の国旗についても，地図帳などで調べてみましょう。

イギリス　　　　中国　　　　　日本　　　　　アメリカ

太平洋

大西洋

大西洋

インド洋

南極大陸

エジプト　　　サウジアラビア　　オーストラリア　　　ブラジル

▲主な国の位置

中国は日本の近くにあるんだね〜。

オリンピックなどで名前を聞いたことがある国がたくさんあるね。

ポイント！
- ●陸地と海洋では**海洋のほうが広く**，全体の約70％。**6大陸と3大洋**。
- ●**赤道**を0度として，南北を90度ずつに分けたものが**緯度**。**本初子午線**を0度として，東西を180度ずつに分けたものが**経度**。

チェック 1　次の各問いに答えましょう。

(1)　世界の6大陸のうち，最も大きい大陸は何ですか。　　　　　　　（　　　　　　　）

(2)　本初子午線が通るイギリスの都市はどこですか。　　　　　　　（　　　　　　　）

② 日本の位置と範囲，日本の地形

授業動画は
こちらから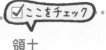

👥 日本の位置と周りの国々

日本は，**ユーラシア大陸の東**にあり，**周りを太平洋などの海に囲まれた島国**です。**北海道**，**本州**，**四国**，**九州**の4つの大きな島と，約6800の島々からなります。

日本の周りには，大韓民国（韓国），中華人民共和国（中国），ロシア連邦（ロシア）などの国があります。

👥 日本の範囲

● 国の領域

国の主権がおよぶ範囲を**領域**といいます。領域は，**領土，領海，領空**からなります。領海は，領土の海岸線から12海里（約22km）までの海です。領空は，領土と領海の上空です。

> ☑ **ここをチェック**
>
> 領土
>   国がもつ陸地のことです。島々や川，湖などもふくみます。

● 日本の東西南北のはし

☆北のはし…北海道の**択捉島**
☆南のはし…東京都の**沖ノ鳥島**
☆東のはし…東京都の**南鳥島**
☆西のはし…沖縄県の**与那国島**

つけたし 南鳥島は日本の南のはしではなく，東のはしです。

👥 領土をめぐる問題

北海道の北東にある択捉島，国後島，色丹島，歯舞群島を合わせて**北方領土**といいます。

▲日本の東西南北のはしと周りの国々

北方領土は日本固有の領土ですが，現在ロシアに不法に占拠されています。日本は，ロシアに対して北方領土を返還するように求めています。

また，日本海にある**竹島**は，島根県にふくまれる日本の領土ですが，韓国が不法に占拠しています。東シナ海にある**尖閣諸島**も，沖縄県にふくまれる日本の領土です。中国がみずからの領土だと主張していますが，領土問題は存在しません。

▲北方領土

もっとくわしく 北方領土の周辺海域は，水産資源が豊富です。尖閣諸島の周辺海域は，石油や天然ガスなどが豊富にあるといわれています。

🏔日本の山地と火山

日本は**国土の約4分の3が山地**です。山地には次のものがあります。

☆**山脈**…山のみねが連続して長く続いている山地。

☆**高地**…山の表面がなだらかで、幅広く連なる山地。

☆**高原**…標高は高く、表面が平らな土地。

☆**丘陵**…小さな山が続く、あまり高くない地形。

また、日本は**火山**が多い国です。火山は噴火により、農業や家に被害をあたえることがあります。いっぽう、火山の近くでは**温泉**がわき出し、観光地となっているところや、火山の地下熱を利用した**地熱発電**が行われているところもあります。

飛騨山脈，木曽山脈，赤石山脈を合わせて日本アルプスと呼び，「日本の屋根」ともいわれる。

北見山地
日高山脈
北上高地
出羽山地
奥羽山脈
越後山脈
中国山地
飛騨山脈
阿武隈高地
筑紫山地
関東山地
赤石山脈
紀伊山地
木曽山脈
四国山地
九州山地

▲日本の主な山地

🏞日本の川と平地

日本は山地が海岸までせまっているため、川の水は山地から海へすぐに流れ出します。そのため、世界の川と比べると、日本の川は**長さが短く，流れが急**です。

また、**平地**は国土の約4分の1です。平地には次のものがあります。

☆**平野**…海に面している平地。　　☆**盆地**…周りを山に囲まれている平地。

☆**台地**…周りより高く平らな平地。

ポイント

●日本は**ユーラシア大陸**の東にあり，周りを**太平洋**などの海に囲まれた島国。

●北のはし→**択捉島**（北海道），南のはし→**沖ノ鳥島**（東京都），東のはし→**南鳥島**（東京都），西のはし→**与那国島**（沖縄県）。

●日本は国土の約4分の3が山地。山地には**山脈，高地，高原，丘陵**など。

●日本の川は**長さが短く，流れが急**。平地には**平野，盆地，台地**など。

チェック 2　次の各問いに答えましょう。

(1) 国の領域は、領土と領海と何からなりますか。　　　　　　　（　　　　　　）

(2) 日本の南のはしの島はどこですか。　　　　　　　　　　　（　　　　　　）

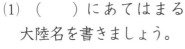

➡ 解説は別冊p.4へ

1 右の地図を見て，次の各問いに答えましょう。

(1) （　）にあてはまる
大陸名を書きましょう。

①（　　　　　　　）

②（　　　　　　　）

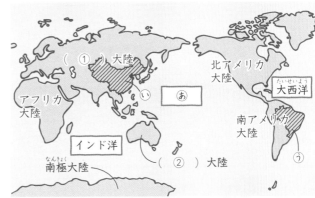

(2) あは最も大きい海洋です。この海洋を何といいますか。

（　　　　　　　　）

(3) いとうの国名は何ですか。

い（　　　　　　　）　う（　　　　　　　）

2 次の文の（　）にあてはまる言葉を書きましょう。

赤道を0度として，南北を90度ずつに分けたものを（　①　）といいます。また，イギリスのロンドンを通る本初子午線を0度として，東西を180度ずつに分けたものを（　②　）といいます。

①（　　　　　　　）　②（　　　　　　　）

3 ①日本の北のはしの島と，②日本の西のはしの島は，次のア～エのどれですか。それぞれ記号を書きましょう。

ア．与那国島　　イ．南鳥島　　ウ．沖ノ鳥島　　エ．択捉島

①（　　　　　　　）　②（　　　　　　　）

4 現在，ロシアが不法に占拠している択捉島，国後島，色丹島，歯舞群島を合わせて何といいますか。　　　　　　（　　　　　　　）

5 日本の地形について，次の文の（　）にあてはまる言葉や数字を書きましょう。

日本は国土の約4分の（　①　）が山地で，山がちな地形です。そのため，世界の川と比べると，日本の川は長さが（　②　），流れが（　③　）です。

①（　　　　　　　）　②（　　　　　　　）　③（　　　　　　　）

レッスン 8

気候がちがえば暮らしもちがう？

［5年／私たちの暮らしと国土②］

このレッスンのはじめに♪

　日本は，春・夏・秋・冬の四季がありますね。しかし，同じ日本でも，北海道では雪が残ってまだ寒いのに，沖縄県ではもう暖かくて海で泳げる，なんてこともあります。また，日本は山地が多い国です。土地が高いところで暮らしている人もいれば，土地が低いところで暮らしている人もいます。

　ここでは，日本の各地域の気候と，その気候に合わせた人々の暮らし，土地が高いところ，低いところに住む人々の暮らしについて，見ていきましょう。

1 日本の気候

授業動画は
こちらから 22

日本の各地域の気候

　日本はほとんどの地域が**温帯**に属し，**四季がはっきりしています**。国土が南北に長いため，北海道と沖縄県では気温に大きな差があります。

　また，夏と冬でふく向きが逆になる**季節風**（モンスーン）が，気候に大きく影響します。**夏は南東からふく季節風によって，太平洋側で雨が多く，冬は北西からふく季節風によって，日本海側で雪や雨が多くなり，太平洋側は乾燥します。**

もっとくわしく 世界の気候は，熱帯・乾燥帯・温帯・冷帯（亜寒帯）・寒帯の5つに大きく分かれます。

日本海側の気候
冬に，北西の季節風の影響で雪や雨が多い。

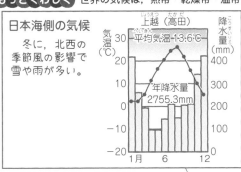

北海道の気候
冬はとても寒い。つゆ（梅雨）がなく，台風の影響が少ない。

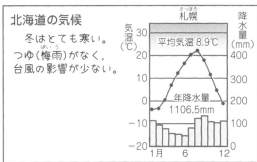

瀬戸内海（瀬戸内）の気候
1年を通じて雨が少なく，冬でも暖かい。

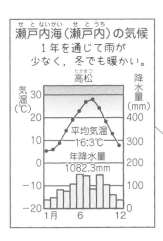

（平成31年版「理科年表」）

中央高地（内陸性）の気候
1年を通じて雨が少なく，夏と冬，昼と夜の気温差が大きい。

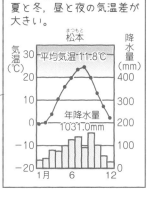

太平洋側の気候
夏に，南東の季節風の影響で雨が多い。

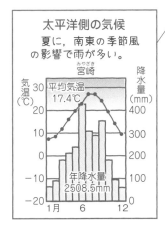

南西諸島の気候
1年を通じて暖かく，雨が多い。

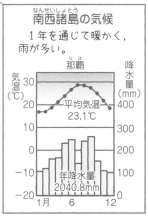

♣つゆ（梅雨）と台風

日本では北海道を除き，6〜7月ごろにくもりや雨の日が続きます。これを**つゆ（梅雨）**といいます。夏から秋にかけては**台風**がやってきます。つゆや台風は洪水などの災害を引き起こしますが，農業などにとってはめぐみの水でもあります。

チェック 1　次の各問いに答えましょう。

(1) 夏と冬でふく向きが逆になる風を何といいますか。　　　　　（　　　　　　）

(2) 6〜7月ごろにくもりや雨の日が続く現象を何といいますか。　（　　　　　　）

② 地形・気候に合わせた暮らし

授業動画はこちらから 23

♣暖かい地域の暮らし（沖縄県）

●気候と暮らし

沖縄県は日本列島の南西にあります。**1年中暖かく，雨が多い気候**です。夏から秋には，多くの**台風**がやってきて，被害が出ることがあります。そのため，伝統的な沖縄県の家は，**夏の暑さや台風の強風などに備えたつくり**となっています。

沖縄県は雨が多い気候ですが，大きな川がなく長さも短いため，雨が降ってもすぐに海に流れ出してしまい，水不足になやまされてきました。そのため，近年建てられているコンクリートづくりの家の屋上には，水不足対策として**貯水タンク**が備えられています。

かわらをしっくいでとめる。

家の周りを大きな木で囲む。

家の屋根を低くする。

戸を広くとって，風通しをよくする。

家の周りを石がきで囲む。

▲伝統的な沖縄県の住居

●産業と伝統文化

沖縄県では，暖かい気候に適した**さとうきびやパイナップル**の栽培がさかんです。近年は**ゴーヤーなどの野菜や，きくなどの花の栽培もさかんになりました。**

また，沖縄県には**琉球王国**時代の遺跡や，**エイサー**や**琉球舞踊**などの踊りをはじめとした伝統文化，そして**さんご礁**などの美しい自然があります。これらを楽

☑ここをチェック

琉球王国

かつて沖縄県に栄えた国。那覇市にある首里城などは世界文化遺産に登録されています。

しみに，多くの観光客が沖縄県をおとずれています。

●アメリカ軍基地などの問題

　沖縄県は第二次世界大戦末期に戦場となり，多くのぎせい者が出ました。**戦後は，アメリカに占領されていましたが，1972年，日本に復帰しました。**しかし，現在も多くの**アメリカ軍基地**が残り，そう音などが問題となっています。

　また，観光開発によって，さんご礁などの環境破壊が起こっています。

🔹寒い地域の暮らし（北海道）

●気候と暮らし・文化

　北海道は最も北にある都道府県で，**夏はすずしく，冬は寒さが厳しい気候**です。家は寒さに備えたつくりとなっています。

　北海道では，昔から先住民族の**アイヌの人々**が暮らしてきました。アイヌの人々の伝統的な文化を受けついでいくために，今もさまざまな取り組みが行われています。

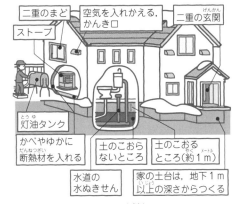

▲北海道の家のくふう（一例）

●北海道の産業

　北海道では農業がさかんです。**十勝平野では畑作がさかんで，輪作**によって，すずしい気候に適したじゃがいもやてんさいなどがつくられています。東部の**根釧台地は，暑さに弱い乳牛を育て，牛乳などを生産する酪農がさかんです。**北海道の乳牛の飼育頭数は全国一です。石狩平野や上川盆地では**稲作**がさかんです。

　また，北海道は漁業もさかんで，水あげ量は全国一です。

もっとくわしく 輪作とは，同じ耕地で数種類の農作物を順番に栽培することです。てんさいはさとうの原料です。

🔹雪が多い地域の暮らし

　新潟県などの北陸地方や，秋田県などの東北地方の日本海側は，**冬に北西の季節風の影響で雪が多く降ります。**そのため，道路の雪をとかす**ロードヒーティング**や，雪を落として流すみぞの**流雪こう**などの設備が整えられています。ほかにも，建物や道路には右の絵のようなくふうをしています。

　また，雪がとけたあとの豊富な水は，稲作にいかされています。

消雪パイプ　地下水をまいて，雪をとかす。

たて長の信号機　雪ができるだけ積もらないように。

♣高い土地の暮らし（長野県の野辺山原など）

　長野県の**野辺山原**は，八ケ岳の山ろくに広がる高原です。**標高が高く，夏でもすずしい気候**です。この，夏でもすずしい気候をいかして，はくさいやレタスなどの**高原野菜**の栽培がさかんです。同じように，浅間山のふもとに位置する群馬県の**嬬恋村**でも，夏のすずしい気候をいかして，**キャベツ**の栽培がさかんです。

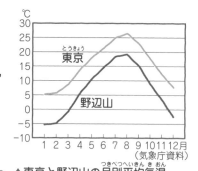

▲東京と野辺山の月別平均気温

　高原野菜の栽培など，**ほかの地域よりもおそい時期に農作物を栽培，出荷する**方法を**抑制栽培（おそづくり）**といいます。ほかの地域からの出荷が少ない時期に出荷することで，高いねだんで売ることができます。

つけたし 野辺山原では，すずしい気候に適した酪農もさかんです。

♣低い土地の暮らし（岐阜県海津市）

　岐阜県海津市は，木曽川，長良川，揖斐川の下流に広がる**濃尾平野**にあります。この地域は**海面より土地が低くなっており，昔から洪水などの水害になやまされてきました。**そのため，**輪中**をつくったり，大型の排水機場をつくったりして，水害を防ぐ対策を行いました。

　輪中では，昔から**稲作**がさかんです。しかし，水はけが悪い点が問題でした。そこで用水路や排水路を整え，水はけをよくしました。こうした対策により，小麦や大豆，くだもの，野菜などもつくれるようになりました。

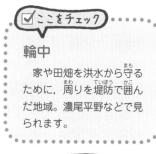

☑ここをチェック

輪中
　家や田畑を洪水から守るために，周りを堤防で囲んだ地域。濃尾平野などで見られます。

▲輪中のしくみ

- ●**沖縄県→1年中暖かい。台風**などに備えた家。**さとうきび**などの栽培。
- ●**北海道→**冬の寒さが厳しい。十勝平野で**畑作**，根釧台地で**酪農**。
- ●**野辺山原など→**標高が高く，夏でもすずしい。**高原野菜の抑制栽培。**
- ●**岐阜県海津市→**土地が海面より低い。**輪中**をつくって，水害を防ぐ。

チェック 2 次の各問いに答えましょう。

(1) かつて沖縄県に栄えた国を何といいますか。　　　　　　　　（　　　　　　　）
(2) 根釧台地でさかんな農業は何ですか。　　　　　　　　　　　（　　　　　　　）

授業動画は
こちらから [24]

➡ 解説は別冊p.4へ

1 右の地図を見て，次の各問いに答えましょう。

(1) あと◯のように，季節によってふく向きが逆になる風を何といいますか。

（　　　　　　　　）

(2) あと◯のうち，冬の(1)を表しているのはどちらですか。記号を書きましょう。

（　　　　　　　　）

(3) あと◯のうち，太平洋側の地域に多くの雨をもたらすのはどちらですか。記号を書きましょう。　（　　　　　　　　）

2 次の文の（　　）にあてはまる言葉を書きましょう。

沖縄県は1年中暖かく，（　①　）が多い気候です。家は，暑さや（　②　）の強風などに備えたつくりとなっています。暖かい気候に適した（　③　）やパイナップルの栽培がさかんです。近年はゴーヤーなどの野菜や，きくなどの花の栽培もさかんになりました。県内には，多くの（　④　）軍基地があり，そう音などが問題となっています。

①（　　　　　　　　）　②（　　　　　　　　　　）
③（　　　　　　　　）　④（　　　　　　　　　　）

3 十勝平野でさかんな農業は，次のア～ウのどれですか。記号を書きましょう。

ア. 稲作　　イ. 畑作　　ウ. 酪農

（　　　　　　　　）

4 高い土地と低い土地の暮らしについて，次の文章の（　　）にあてはまる言葉を書きましょう。

長野県の野辺山原は標高が高く，夏でもすずしい気候です。この，夏でもすずしい気候をいかして，はくさいやレタスなどの（　①　）の栽培がさかんです。

いっぽう，濃尾平野にある岐阜県海津市は，海面より土地が低く，洪水などになやまされてきました。そのため，周りを堤防で囲んだ（　②　）をつくるなどの対策を行いました。

①（　　　　　　　　）　②（　　　　　　　　　　）

レッスン9 お米はどこから？ 野菜はどこから？

［5年／暮らしを支える食料生産①］

このレッスンのはじめに♪

　みなさんは食べ物の好ききらいはありませんか？　「ごはんが好き」「野菜はきらい」など，いろんな人がいるでしょう。では，それらの食べ物がどこでつくられたかを知っていますか？　スーパーマーケットなどで売っているお米のふくろ，野菜や肉のねふだには，それがどこでつくられたものかが記されています。

　食べ物をつくる人たちは，おいしいと思ってもらえるように努力を重ねています。その努力を知れば，きらいな食べ物も食べられるようになるかもしれませんね。

1 日本の農業の特色と稲作

授業動画は
こちらから 25

日本の農業の特色

日本は耕地がせまく，多くの人手と肥料をつぎこんで，収かく量を増やす**集約(的)農業**を行っています。また，**農業だけで収入を得ている専業農家が年々減り，農業以外の仕事でも収入を得ている兼業農家が増えている**ことも特色です。

日本の農業の中心は稲作（米づくり）で，耕地面積でも水田が最も広くなっています。

稲作がさかんな地域

稲作は特に**東北地方**と**北陸地方**でさかんです。これらの地域には広い平野が多く，大きな川が流れています。稲作には大量の水が欠かせません。稲作がさかんな代表的な平野に，新潟県の**越後平野**や山形県の**庄内平野**があります。これらの平野は冬に雪が多いため，その雪どけ水をいかして稲作が行われています。また，夏は高温になり，日照時間が長い気候も稲作に適しています。

全国の米の収かく量
778万t（2018年）
単位は万t

北海道 51
秋田 49
岩手 27
山形 37
宮城 37
新潟 63
福島 36
茨城 36
千葉 30
栃木 32

（2019/20年版「日本国勢図会」）

▲米の収かく量が多い都道府県

東北地方の太平洋側は，夏に冷たく湿った北東風のやませがふくと，気温が上がらず，稲が十分に育たないことがあります。これを**冷害**といいます。

稲作農家の仕事

右の表を見てください。

田おこしは，田の土を耕す作業，**しろかき**は田に水を入れ，土をくだいて平らにする作業で，どちらも**トラクター**が使われます。

3月	4月	5月	6月
・種もみを選ぶ ・よい種もみを用意する 共同作業の計画づくり	・たい肥をまく 田おこし ・健康な土をつくる 苗を育てる	しろかき 田植え ・田に水を入れ，耕す 水の管理 除草さいをまく	稲の生長を調べる みぞをほる

7月	8月	9月	10月
農薬をまく ・中ぼし（※） ・生育調査 ・肥料をあたえる ・病気や害虫から稲を守る ・雑草から稲を守る 穂が出る	稲かりの計画づくり	稲かり だっこく	もみすり 乾燥 たい肥づくり

※中ぼしは夏に水田の水をぬいて，稲がじょうぶに育つようにする作業です。

▲稲作農家の1年の仕事（一例）

トラクターのほかにも，田植えのときには**田植え機**，稲かりのときには**コンバイン**が使われます。これらの機械が使われるようになって，農作業にかかる時間は大はばに短縮されました。下の絵は，主な農業機械です。

トラクター
田おこし・
しろかき
に利用。

田植え機
田植えに利用。

コンバイン
稲かり・
だっこく
に利用。

稲作では，水田の水を管理したり，稲の病気や害虫を防ぐために農薬をまいたり，生長をよくするために肥料をまいたりする作業も大切な仕事です。収かくした米は，温度や湿度を一定に保つことができる**カントリーエレベーター**で保管します。

稲作の収かく量を増やすくふう

小さい田を集めて形の整った大きな田につくりかえたり，用水路などを整備したりすることを**耕地整理（ほ場整備）**といいます。これにより大型の農業機械を使いやすくなり，農作業の効率が上がりました。

ほかにも，農薬や化学肥料にたよらず，環境にやさしく土の力を弱らせない**たい肥**を利用するくふうもしています。

おいしい米をつくるくふう

少しでもおいしい米をつくるために，**品種改良**が行われています。品種改良とは，農作物や家畜などで，異なる性質をもつ品種をかけ合わせて，よりすぐれた性質をもつ品種をつくることです。稲作で

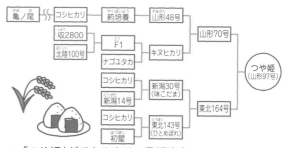

▲ 「つや姫」ができるまでの品種改良

は，おいしく，病気に強く，たくさん収かくでき，寒さにも強い品種などの開発が目指されてきました。上の図は，山形県で開発された「つや姫」という品種ができるまでの品種改良の流れを示したものです。

「つや姫」のように，特定の産地でつくられ，すぐれた性質をもち，産地独自の名前で売り出されている米を**ブランド米（銘柄米）**といいます。新潟県産の**コシヒカリ**や宮城県産の**ひとめぼれ**などのブランド米は，特に人気があります。

♣稲作農家の課題

　稲作農家にはさまざまな課題があります。農業をする人は年々少なくなり，特に若い後つぎが不足して，高齢化が進んでいます。

　また，米の消費量が減り，生産量が消費量を上回るようになったため，米が余るようになりました。国は稲作農家に転作や休耕をすすめるなどして，米の生産調整（減反政策）を行ってきました。いっぽう，外国から安い米も輸入されるようになりました。

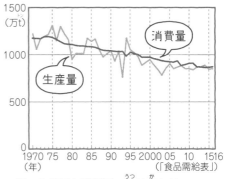

▲米の生産量と消費量の移り変わり

もっとくわしく　転作とは，それまでつくっていた農作物とは別の農作物をつくることです。

♣稲作農家の取り組み

　農薬のかわりに，あいがも（かも）を田に放つ方法があります。これを**あいがも農法**といいます。あいがもは害虫などを食べ，そのふんは肥料になります。

　また，インターネットなどを利用して，消費者に直接米を販売し，配送業者を通じて家庭まで届ける**産地直送**を行っている稲作農家も増えてきました。

ポイント！

●**東北地方**と**北陸地方**で稲作がさかん。東北地方では**やませ**による**冷害**。

●異なる性質をもつ品種をかけ合わせて，すぐれた品種をつくる**品種改良**。

チェック 1　次の各問いに答えましょう。

(1)　夏，東北地方の太平洋側にふく冷たく湿った北東風を何といいますか。　　　（　　　　　　　）

(2)　稲かりのときに使われる農業機械は何ですか。　　　　　　　　　　　　　　（　　　　　　　）

---

② 畑作・畜産がさかんな地域

授業動画はこちらから26

26 ## ♣野菜づくりがさかんな地域

　大消費地の東京などの近くでは，大都市向けに野菜や花などを栽培する**近郊農業**がさかんです。夏でもすずしい長野県の野辺山原や群馬県の嬬恋村では，**高原野菜の抑制栽培（おそづくり）**がさかんです。いっぽう，**冬でも暖かい高知県の高知平野や宮崎県の宮崎平野などでは，ピーマンやなすなどの野菜の促成栽培**がさかんです。

☑ここをチェック

促成栽培（早づくり）

　ビニールハウスなどを利用し，ほかの地域よりも早い時期に農作物を栽培，出荷する方法です。

収かくした野菜は予冷センターで冷やし，**保冷トラック**で輸送します。

くだものづくりがさかんな地域

みかんは和歌山県などの暖かい地域で，りんごは青森県などのすずしい地域で栽培がさかんです。

山梨県の**甲府盆地は扇状地が広がり，水はけがよく，ぶどうとももの全国一の産地となっています。**

畜産がさかんな地域

乳牛は北海道や栃木県，**肉牛**は北海道のほか，鹿児島県や宮崎県で多く飼育されています。**ぶたやにわとり（肉用）**は鹿児島県や宮崎県，**にわとり（卵用）**は大都市に近い都道府県（茨城県，千葉県など）で多く飼育されています。

野菜の生産額（2016年）
- 1000億円以上
- 600〜1000億円
- 300〜600億円
- 300億円未満

北海道が生産額全国一。

大都市の近くで近郊農業。

九州地方で生産額が多い。

（2019年版「県勢」）

▲ 都道府県別の野菜の生産額

収かく量が上位3位までの都道府県（2017年）
- りんご
- 日本なし
- みかん
- さくらんぼ（おうとう）
- ぶどう
- もも

※さくらんぼは2位まで。

北海道　青森県　福島県　山形県　栃木県　長野県　茨城県　鳥取県　千葉県　山梨県　愛媛県　和歌山県　熊本県

（2019/20年版「日本国勢図会」）

▲ くだものづくりがさかんな都道府県

乳牛／肉牛／ぶた／にわとり（卵用）／にわとり（肉用）

※飼育頭羽数が上位3位までの都道府県

単位は万頭・万羽

北海道 79 53 63
岩手県 2244
栃木県 5
茨城県 1388
鹿児島県 33 127 1071 2674
千葉県 1237
宮崎県 25 82 2842
熊本県 4

（2018年）（2019/20年版「日本国勢図会」）

▲ 畜産がさかんな都道府県

ポイント

● 大消費地の近くで**近郊農業**，高知平野や宮崎平野で野菜の**促成栽培**。

● **みかんは暖かい地域，りんごはすずしい地域，甲府盆地でぶどうともも。**

チェック **2** 次の各問いに答えましょう。

(1) ぶどうの収かく量が全国一の都道府県はどこですか。　　（　　　　　）

(2) 乳牛の飼育頭数が全国一の都道府県はどこですか。　　（　　　　　）

レッスン9の力だめし

 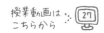
1 稲作が特にさかんな地方は，次のア〜エのどれですか。2つ選んで，記号を書きましょう。

ア．東北地方　　イ．近畿地方　　ウ．中央高地　　エ．北陸地方

（　　　　　　）

2 次の絵は主な農業機械です。これを見て，あとの各問いに答えましょう。

（1）　田おこしのときに使う農業機械はどれですか。記号を書きましょう。

（　　　　　　）

（2）　田植えのときに使う農業機械はどれですか。記号を書きましょう。

（　　　　　　）

（3）　稲かりのときに使う農業機械はどれですか。記号を書きましょう。

（　　　　　　）

3 次の文章の（　　）にあてはまる言葉を書きましょう。

米の収かく量を増やすためにさまざまなくふうが行われています。小さい田を集めて形の整った大きな田につくりかえたり，用水路を整備したりしています。これを（　①　）といいます。また，環境にやさしく土の力を弱らせない肥料の（　②　）を利用することもあります。

①（　　　　　　）　②（　　　　　　）

4 農作物や家畜などで，異なる性質をもつ品種をかけ合わせて，よりすぐれた性質をもつ品種をつくることを何といいますか。　（　　　　　　）

5 和歌山県など，暖かい地域で栽培がさかんなくだものは，次のア〜エのどれですか。記号を書きましょう。

ア．ぶどう　　イ．もも　　ウ．りんご　　エ．みかん　（　　　　　　）

お魚大国，日本

［5年／暮らしを支える食料生産②］

このレッスンのはじめに♪

　みなさんはおすしやおさしみ，焼き魚などは好きですか？　日本は世界の中でも魚や貝の消費量が多い国です。なぜ，消費量が多いのでしょうか。魚がたくさんとれるから？　外国からたくさん魚を輸入しているから？　ここでは，日本の水産業について，くわしく見ていきましょう。

　また，日本の農業や水産業がかかえる問題にはどんなことがあるのでしょうか。どんな対策や試みが行われているのかについても，知っておきましょう。

1 日本の水産業

水産業がさかんな日本

　海や川などにいる魚や貝をとったり，育てて増やしたりする産業を**水産業**といいます。とった魚などを加工したり，消費者まで届けたりするしごとを水産業にふくめることもあります。日本は世界の中でも水産業がさかんな国です。

つけたし 日本の国民一人あたりの魚や貝の消費量は，世界有数となっています。

日本の周りの漁場

　日本の周りには暖流と寒流が流れており，海流にのってたくさんの魚が集まります。特に，**三陸海岸沖の潮目（潮境）は魚のえさとなるプランクトンが豊富で，多くの魚が集まる好漁場となっています。**

　また，九州の西の東シナ海には，水深が200mぐらいまでの傾斜がゆるやかな**大陸だな**が広がっています。ここもプランクトンが豊富で，よい漁場となっています。

✓ここをチェック

潮目（潮境）

　暖流と寒流が出合うところ。日本近海では，暖流の黒潮と寒流の親潮が出合う，三陸海岸沖に潮目があります。

▲日本近海の海流と潮目

漁業の種類

　漁業にはさまざまな種類がありますが，そのうち，遠洋漁業，沖合漁業，沿岸漁業の3つをまとめて**とる漁業**といいます。

☆**遠洋漁業**…遠くはなれた海で大型の船を使い，長い期間にわたって行う漁業です。

☆**沖合漁業**…海岸から80〜200kmぐらいの海で，中型の船を使い，数日間にわたって行う漁業です。

☆**沿岸漁業**…陸から近い海域で，小型の船を使い，主に日帰りで行う漁業です。

さまざまな漁法

　魚などをとる方法を漁法といいます。魚の群れを魚群探知機やソナー（超音波を出して魚の群れをさがす機械）で見つけ，大きなあみで魚の群れを取り囲んでとる**まきあみ漁**では，あじなどがとられます。ほかにも，**定置あみ漁，さしあみ漁，いかつり漁，まぐろはえなわ漁，一本づり，底引きあみ漁**など，さまざまな漁法で魚や貝をとっています。

あみの底をしぼるようにとる。

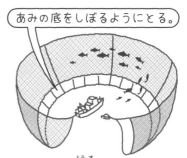

▲まきあみ漁の様子

🎣 漁かく量の減少と200海里水域

近年，とる漁業の漁かく量は減少しています。**遠洋漁業は，各国が200海里水域を設定したことにより，1970年代後半から漁かく量が減りました。200海里水域とは，海岸線から200海里（約370km）以内の水域のことです（ただし，領海は除く）。** この水域内の水産資源などは沿岸国にとる権利があります。

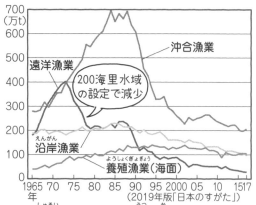

▲漁業種類別の漁かく量の移り変わり

また，魚のとりすぎなどもあり，沖合漁業の漁かく量も大きく減少しました。

つけたし 200海里水域は，排他的経済水域や，200海里経済水域ともいいます。

🎣 育てる漁業への転かん

とる漁業の漁かく量が減っているのを受けて，育てる漁業（つくり育てる漁業）に力を入れるようになりました。 育てる漁業には，次の2つがあります。

☆**養殖業（養殖漁業）**…いけすなどのしせつを使って，魚や貝，海そうなどを大きくなるまで育ててからとる漁業です。

☆**栽培漁業**…稚魚や稚貝を卵からかえしたあと，一定の期間しせつで育てて，ある程度の大きさになったら，海や川に放流し，成長してからとる漁業です。

▲養殖業（養殖漁業）と栽培漁業のちがい

育てる漁業には，よい点と悪い点があります。よい点は，魚や貝を計画的に出荷できるので，**収入が安定すること**などです。悪い点は，**えさ代が高いこと**や，**赤潮**が発生したときに大きな被害を受けることです。

もっとくわしく 赤潮は，プランクトンが海や湖で増えすぎたことにより，水面が赤く染まって見える現象です。赤潮が発生すると，水中の酸素が不足するので，多くの魚や貝が死んでしまいます。

🎣 魚が家庭に届くまで

漁港に水あげされた魚や貝は，市場でせりにかけられます。 せりでは，最も高いねだんをつけた人が，その魚や貝を買うことができます。その後，魚や貝は**保冷トラック（保冷車）**や**航空機**などを利用して，消費地まで運ばれます。

▲魚が消費者に届くまで

水産業のこれから

　国内の漁かく量が減ったことにより，**水産物の輸入が大きく増えました。** これには，冷凍技術の進歩や**航空機輸送**の広がりも影響しています。

　水産業で働く人は，魚をとりすぎないように水産資源の管理を行っています。また，山への植林にも力を入れています。森林は栄養分のある土や水をつくり出し，それが川から海に流れこんで，プランクトンを増やすことにつながります。

- 三陸海岸沖の**潮目（潮境）**や，東シナ海に広がる**大陸だな**が好漁場。
- とる漁業→**遠洋・沖合・沿岸漁業**，育てる漁業→**養殖・栽培漁業**。
- 200海里水域の設定や魚のとりすぎなどで漁かく量が減少→輸入増加。

- -

チェック 1 　次の各問いに答えましょう。

(1) 暖流と寒流が出合うところを何といいますか。　　　　　　（　　　　　　）
(2) 漁港に水あげされた魚や貝は，市場で何にかけられますか。（　　　　　　）

2 これからの食料生産

授業動画はこちらから 29

日本の食料生産の移り変わり

　近年，農業や水産業で働く人が減っています。また，若い後つぎが少ないことも問題です。いっぽう，農家などから土地を借りて集め，大規模な生産を行う会社もあります。大規模な生産ができれば，農作物のねだんを下げることができます。

　日本人の食生活も変わってきました。**昔は米中心の生活でしたが，現在は米の消費量が減り，肉類やくだもの，牛乳・乳製品などの消費量が増えました。**

日本の食料自給率と輸入の増加

国内で消費した食料のうち，国内で生産された食料でまかなえる割合のことを**食料自給率**といいます。**日本は食料自給率がとても低い国で，特に小麦と大豆が低いです。**

また，**牛肉やオレンジなどの輸入が自由化され，肉類やくだものの自給率も低下しました。いっぽう，食料の輸入は増えました。**

輸入が増えると，安い外国産の食料との

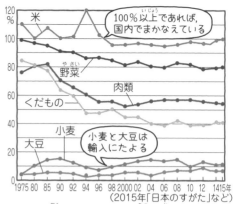

▲日本の主な食料自給率の移り変わり

100％以上であれば，国内でまかなえている

小麦と大豆は輸入にたよる

（2015年「日本のすがた」など）

競争で，国内の農家の経営が苦しくなります。また，食料を輸入にたよりすぎると，輸入相手国が不作になったときなどに食料が不足するかもしれません。

食料の安全性

近年，**鳥インフルエンザ**という鳥の病気や**口蹄疫**という牛などの病気が発生しました。遺伝子を人工的に操作してつくる**遺伝子組みかえ作物**は味がよく，生産性が高い農作物を効率よくつくることができますが，その安全性を心配する声もあります。そのような中，安心で安全な食料を求める消費者が増えました。そこで，右の図のような**トレーサビリティ**のしくみが，野菜や肉，魚などで取り入れられています。

▲トレーサビリティのしくみの例（野菜）

これからの食料生産

水田は米を生産するだけでなく，水をたくわえたり，空気をきれいにしたりするなど，**環境保全**の面でも大きなはたらきがあり，大事にしなくてはいけません。

地域で生産した農作物をその地域で消費する地産地消の取り組みや，生産者が消費者に直接農作物を販売し，配送業者が届ける**産地直送**も広まっています。

●米の消費量が減り，肉類やくだもの，牛乳・乳製品の消費量が増えた。

●日本は食料自給率が低い。特に小麦・大豆が低く，肉類なども低下。

チェック 2　次の各問いに答えましょう。

(1) 日本の食料自給率で特に低いのは，小麦と何ですか。　　　　　（　　　　　）

(2) 地元産の農作物をその地域で消費することを何といいますか。　（　　　　　）

1 東シナ海などに広がり，好漁場となっている，水深200 mぐらいまでの傾斜がゆるやかな海底を何といいますか。 （　　　　　　　　）

2 右のグラフを見て，次の各問いに答えましょう。

(1) 現在，最も多くの漁かく量をあげているのは，どの漁業ですか。 （　　　　　　　）

(2) 遠洋漁業の漁かく量が減少する原因となった，各国が設定した海岸線から200海里以内の水域のことを何といいますか。 （　　　　　　　）

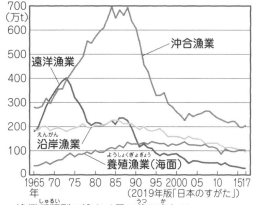

▲漁業種類別の漁かく量の移り変わり

(3) グラフ中の遠洋漁業・沖合漁業・沿岸漁業をまとめて何といいますか。

（　　　　　　　　　）

3 育てる漁業（つくり育てる漁業）について，次の各問いに答えましょう。

(1) いけすなどのしせつを使って，魚や貝，海そうなどを大きくなるまで育ててからとる漁業を何といいますか。

（　　　　　　　　　）

(2) 稚魚や稚貝を卵からかえし，一定の期間しせつで育てて，ある程度の大きさになると，海や川に放流し，成長してからとる漁業を何といいますか。

（　　　　　　　　　）

4 次のア～エのうち，特に自給率が低い食料はどれですか。2つ選んで，記号を書きましょう。

ア. 大豆　　イ. 米　　ウ. 野菜　　エ. 小麦 （　　　　　　　）

5 生産者が消費者に直接農作物を販売し，配送業者が届けることを何といいますか。

（　　　　　　　　　）

11

自動車（じどうしゃ）はどうやってつくるの？

［5年／暮（く）らしを支（ささ）える工業生産（こうぎょうせいさん）①］

このレッスンのはじめに♪

　みなさんは家族（かぞく）でお出かけするときなどに自動車に乗（の）ったことがありますよね？　自動車があれば，移動（いどう）がかなり楽（らく）になります。では，その自動車はどうやってつくられるか，知（し）っていますか？　自動車は約3万個もの部品（ぶひん）からできていて，多くの人や機械（きかい）が自動車づくりに関（かか）わっています。

　ここでは，自動車をつくる工業について，くわしく見ていきましょう。また，工業がさかんな地域（ちいき）や工業の種類（しゅるい）についても，しっかり確認（かくにん）しましょう。

① 自動車をつくる工業

🔲 自動車工業がさかんな日本

　日本は**自動車工業**がさかんな国で，生産台数は世界有数です。自動車工業がさかんな都市としては，愛知県の**豊田市**が有名です。ほかにも自動車工業は，広い土地があり，交通の便がよく，労働力が豊富な地域で発達しています。

つけたし 豊田市には，世界有数の自動車会社の本社があります。

🔲 自動車ができるまで

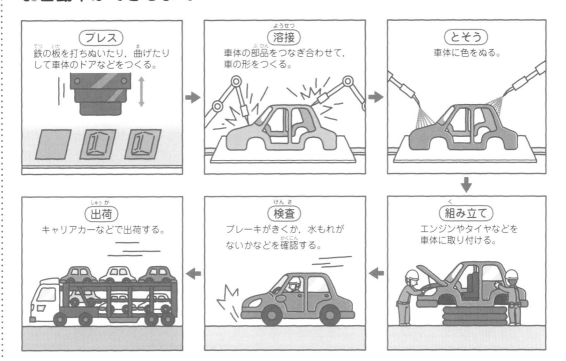

プレス	溶接	とそう
鉄の板を打ちぬいたり，曲げたりして車体のドアなどをつくる。	車体の部品をつなぎ合わせて，車の形をつくる。	車体に色をぬる。

出荷	検査	組み立て
キャリアカーなどで出荷する。	ブレーキがきくか，水もれがないかなどを確認する。	エンジンやタイヤなどを車体に取り付ける。

　上の図は，自動車をつくるときの作業を順番に表しています。危険がともなう溶接やとそうなどの作業は，**（産業用）ロボット**が行っています。

　組み立ての作業では，**車体をコンベア（ベルトコンベヤー）に乗せて移動します。工場の人は移動してきた車体に，順番に部品を取り付けていきます。**この一連の流れを**組み立てライン（ライン，生産ライン）**といいます。車ごとに取り付ける部品がちがうので，工場の人は車ごとにはられた指示ビラ（仕様書）を見ながら，作業します。

　完成した自動車は，**キャリアカー**や**自動車運搬船**を利用して，国内や海外の販売店などに運ばれます。

> **✓ここをチェック**
>
> **（産業用）ロボット**
>
> 　工業などで利用されている，人間にかわってさまざまな仕事をするロボット。コンピューターで管理されています。

部品をつくる工場

　自動車は約3万個もの部品からできています。多くの部品は**関連工場**でつくられます。シートをつくる関連工場（第1次関連工場）は，シートに使う部品をつくる関連工場（第2次関連工場）に部品を注文し，シートに使う部品をつくる関連工場は，ねじなどのさらに細かい部品をつくる関連工場（第3次関連工場）に部品を注文します。

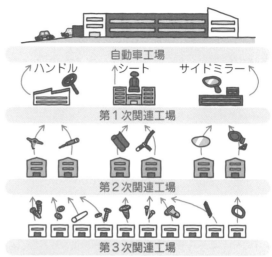

▲自動車工場と関連工場

　注文を受けた関連工場は，決められた部品を，決められた時間に，決められた量だけおさめています。 このしくみを**ジャスト・イン・タイム方式**といいます。

つけたし ジャスト・イン・タイム方式のしくみでは，自動車工場はよぶんな部品をもたずにすみますが，少しでも関連工場の生産が止まってしまうと，自動車が組み立てられなくなってしまうことがあります。

自動車の輸出と現地生産

　日本でつくられた自動車は，外国にもたくさん輸出されています。**日本の自動車の輸出台数は世界有数です。**

　また近年，日本の自動車会社は外国に工場をつくり，そこで自動車を生産する**現地生産（海外生産）**を行っています。現地生産を行うことで，その国でつくられた部品を使ったり，

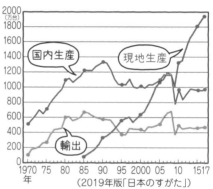

▲日本の自動車会社の国内生産，輸出台数，現地生産

（2019年版「日本のすがた」）

現地の人をやとったりすることができ，その国の産業の発展につながります。ほかにも生産や輸送にかかる費用をおさえられるなどのよい点があります。

もっとくわしく 現地生産が増えた理由に，日本の自動車の輸出が増えすぎて，外国から輸出を減らすように求められたこともあります。

これからの自動車づくり

　現在，環境にやさしい自動車づくりが進められています。

☆**ハイブリッドカー**…ガソリンで動くエンジンと電気で動くモーターを利用する。

☆**電気自動車**…バッテリー（蓄電池）に電気をたくわえ，モーターを回転させる。

☆**燃料電池自動車**…水素と酸素を反応させてつくった電気でモーターを回転させる。

　これらの自動車は，**二酸化炭素などの排出量や，限りある資源であるガソリンの消費量をおさえることができます。**

人にやさしい自動車づくりも進んでいます。自動車が衝突したときに，乗っている人がハンドルなどにぶつかる衝撃をやわらげる**エアバッグ**が開発されました。ほかにも，高齢者や体が不自由な人のために，車いすのまま乗りおりできる自動車や，手だけで運転できる自動車なども開発されています。最近は，人工知能（AI）やセンサーなどを利用して自動運転をする自動運転車の開発が進んでいます。

つけたし 環境にやさしい自動車づくりとして，自動車のリサイクルも積極的に進められています。

ポイント

●自動車は**プレス→溶接→とそう→組み立て→検査**の順番で完成。
●関連工場はジャスト・イン・タイム方式で部品をおさめる。

チェック 1　次の各問いに答えましょう。

(1) 溶接やとそうなどの作業は何が行っていますか。　　　　　　（　　　　　　）
(2) 外国に工場をつくり，生産することを何といいますか。　　　（　　　　　　）

2 工業がさかんな地域と工業の種類　授業動画はこちらから

工業がさかんな地域

　日本では，**関東地方南部から九州地方北部にかけての太平洋ベルトで特に工業がさかんです。太平洋ベルト**は，燃料・原料の輸入や製品の輸送に便利で，うめ立てによって広い工業用地を得られたことなどから，工業が発展しました。

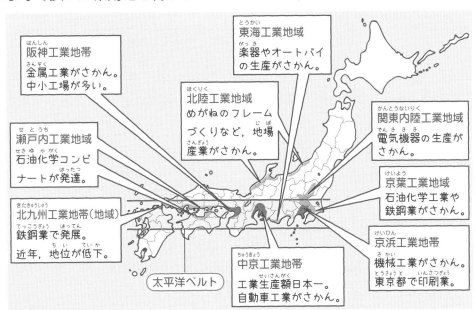

東海工業地域
楽器やオートバイの生産がさかん。

阪神工業地帯
金属工業がさかん。
中小工場が多い。

北陸工業地域
めがねのフレームづくりなど，地場産業がさかん。

関東内陸工業地域
電気機器の生産がさかん。

瀬戸内工業地域
石油化学コンビナートが発達。

京葉工業地域
石油化学工業や鉄鋼業がさかん。

北九州工業地帯（地域）
鉄鋼業で発展。
近年，地位が低下。

京浜工業地帯
機械工業がさかん。
東京都で印刷業。

中京工業地帯
工業生産額日本一。
自動車工業がさかん。

太平洋ベルト

▲工業がさかんなところ

近年は，太平洋ベルトの工業地帯・地域で工業用地が不足してきたことや，高速道路などの交通網が発達したことで，内陸部にも工場が進出しています。

工業の種類

工業は，**機械工業**，**金属工業**，**化学工業**，**せんい工業**，**食料品工業**，**その他の工業**に大きく分けることができます。機械工業，金属工業，化学工業を合わせて**重化学工業**，せんい工業，食料品工業，その他の工業を合わせて**軽工業**といいます。

重化学工業			軽工業		
機械工業	金属工業	化学工業	せんい工業	食料品工業	その他の工業
一般機械 輸送用機械 モーター 自動車 農業機器 船 電気機械 精密機械 テレビ カメラ コンピューター 時計	アルミニウム 鉄鋼 電線	洗ざい プラスチック 化学肥料 灯油	糸 衣服 織物	パン かまぼこ みそ・しょう油 乳製品 肉製品	セメント 印刷 紙・パルプ 陶磁器

▲工業の種類

機械工業には自動車などの輸送用機械をつくる工業や，**IC（集積回路）**などの電子部品をつくる工業などがあります。金属工業には，鉄鉱石などを原料として，鉄鋼をつくり，それを加工する**鉄鋼業**などがあります。化学工業には，石油などを原料として，プラスチックなどの製品をつくる**石油化学工業**があります。

せんい工業は糸や衣服などをつくる工業です。食料品工業は，農作物や水産物，畜産物などを加工して食料品をつくる工業です。その他の工業には，陶磁器などをつくる**よう業**や，紙などをつくる**製紙・パルプ工業**などがあります。

もっとくわしく IC（集積回路）は超小型の電子回路で，パソコンなどの電化製品に使われています。

ポイント

●関東地方南部から九州地方北部にかけての**太平洋ベルト**で工業が発達。

●重化学工業→**機械・金属・化学**，軽工業→**せんい・食料品・その他**。

チェック2 次の各問いに答えましょう。

(1) 機械・金属・化学工業を合わせて何といいますか。 （　　　　　　）

(2) 糸や衣服などをつくる工業を何といいますか。 （　　　　　　）

レッ11の力だめし

授業動画は
こちらから ··

解説は別冊p.6へ

1 次のア～オは，自動車をつくるときの作業です。正しい順番になるように，記号で並びかえましょう。

ア．とそう　　イ．組み立て　　ウ．プレス　　エ．検査　　オ．溶接

（　　　　　→　　　　　→　　　　　→　　　　　→　　　　　）

2 自動車づくりを支える，自動車の部品をつくっている工場を何といいますか。

（　　　　　　　　　）

3 次のア～ウのうち，水素と酸素を反応させてつくった電気でモーターを回転させて走る自動車はどれですか。記号を書きましょう。

ア．ハイブリッドカー　　イ．燃料電池自動車　　ウ．電気自動車

（　　　　　　　　　）

4 次の地図を見て，あとの各問いに答えましょう。

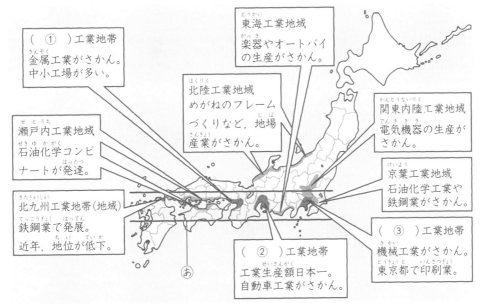

（　①　）工業地帯
金属工業がさかん。
中小工場が多い。

東海工業地域
楽器やオートバイ
の生産がさかん。

北陸工業地域
めがねのフレーム
づくりなど，地場
産業がさかん。

関東内陸工業地域
電気機器の生産が
さかん。

瀬戸内工業地域
石油化学コンビ
ナートが発達。

北九州工業地帯（地域）
鉄鋼業で発展。
近年，地位が低下。

京葉工業地域
石油化学工業や
鉄鋼業がさかん。

（　②　）工業地帯
工業生産額日本一。
自動車工業がさかん。

（　③　）工業地帯
機械工業がさかん。
東京都で印刷業。

あ

(1) （　　）にあてはまる工業地帯名を書きましょう。

①（　　　　　　　）　②（　　　　　　　）　③（　　　　　　　）

(2) 特に工業がさかんなあの地域を何といいますか。

（　　　　　　　　　　　）

人や物はどうやって運ぶの？

[5年／暮らしを支える工業生産②]

このレッスンのはじめに♪

　ここまで見てきた農作物や水産物，工業製品などは何を使って運ばれていますか？　自動車をはじめ，鉄道や船，飛行機を使って運ばれていますね。これらの輸送手段は，物だけでなく，人も運んでいます。また，外国との貿易では，原料や燃料，製品を運ぶのに船や飛行機が使われています。

　ここでは，日本の工業の特色と課題，そして日本の運輸・貿易と資源・エネルギーについて，くわしく見ていきましょう。

① 日本の工業の特色と課題

授業動画は
こちらから ··· 34

♣日本の工業の変化

　かつて日本の工業の中心は，せんい工業などの**軽工業**でした。第二次世界大戦後，**重化学工業**が発展しました。現在，自動車や産業用ロボットの生産量は世界有数です。ほかにも，IC（集積回路）などをつくる電子工業もさかんです。

♣大工場と中小工場

　働く人が300人以上の工場を**大工場**，300人未満〜30人以上の工場を中工場，30人未満の工場を小工場といいます。中工場と小工場を合わせて，**中小工場**といいます。

　中小工場は，工場数や働く人の数で大工場より多いですが，工業生産額は大工場よりやや少なくなっています。これは中小工場の設備が十分ではなく，時間をかけて生産していること，それに比べて大工場は設備を整え，大量生産をしているからです。しかし，中小工場の中には，高い技術をもち，独自の製品をつくっているところもたくさんあります。

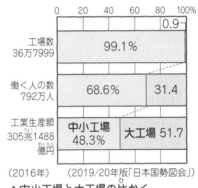

	0 20 40 60 80 100%
工場数 36万7999	99.1%　〔0.9〕
働く人の数 792万人	68.6%　31.4
工業生産額 305兆1488 億円	中小工場 48.3%　大工場 51.7

（2016年）　（2019/20年版「日本国勢図会」）
▲中小工場と大工場の比かく

　つけたし 工業生産額において，大工場は重化学工業の割合が高く，中小工場は大工場に比べて，軽工業の割合が高いのが特色です。

♣古くから伝わる工業

　伝統的な技術をもとに，地元でとれる原材料などを利用して，主に手作業で日用品をつくる工業を**伝統工業（伝統産業）**といいます。伝統工業でつくられる製品には，**焼き物（陶磁器）**や**ぬり物（漆器）**，**織物やそめ物**，**和紙**などがあります。多くが冬の農家の副業や，武士の内職として発達しました。

　もっとくわしく 焼き物（陶磁器）では，岡山県の備前焼，佐賀県の伊万里・有田焼など，ぬり物（漆器）では，石川県の輪島塗，青森県の津軽塗などが有名です。

♣日本の工業の課題

　近年，日本の会社が世界各国に工場を移して生産する，現地生産（海外生産）が増えました。そのため，国内の工場が閉鎖されてしまい，国内でものをつくる力がおとろえる産業の空洞化が問題となっています。また工業では，人の健康や自然環境を大切にしながら，生産をすすめることも求められています。使い終わったら捨てるのではなく，**リサイクル**しやすいような工業製品をつくることも重要です。

●**中小工場→300人未満。工場数や働く人の数が大工場より多い。**
●**大工場→300人以上。工場数は少ない。工業生産額が中小工場よりやや多い。**
●**現地生産の増加→日本国内の工場が閉鎖され，産業の空洞化が問題。**

チェック 1 　次の各問いに答えましょう。

(1) 働く人が300人未満の工場を何といいますか。 （　　　　　　）
(2) 現地生産の増加により国内で起こっている現象を何といいますか。 （　　　　　　）

2 日本の運輸・貿易と資源・エネルギー

授業動画は
こちらから

さまざまな輸送手段

自動車や鉄道などを利用して，人や物を運ぶことを**運輸**といいます。輸送手段には，主に次の4つがあります。

☆**自動車**…戸口から戸口へ直接運べます。**二酸化炭素の排出量が多いのが問題**。
☆**鉄道**…一度に大量の人や物を時間通り運べます。環境への影響は少ないです。
☆**船（海運）**…**石油や自動車など，かさばる物や重い貨物を大量に運べます**。しかし，時間がかかるのが問題です。石油などを運ぶ**タンカー**や，**コンテナ船**などがあります。
☆**航空機**…遠くまで速く運べますが，輸送費が高いのが問題です。新鮮さが重要な魚介類などのほか，**ICなどの電子部品など軽くてねだんが高い物を運びます**。

日本の運輸の変化

運輸には，人を運ぶ**旅客輸送**と物を運ぶ**貨物輸送**があります。かつては，旅客輸送では鉄道，貨物輸送では船が中心でした。現在は，自動車の普及と高速道路などの整備が進んだことで，**旅客輸送・貨物輸送とも自動車が中心となっています**。高速道路のほかにも，全国で新幹線や空港などの整備が進み，日本各地の人や物の移動が活発になっています。

▲国内の輸送手段の変化

（2015年版「日本のすがた」）

つけたし トラックによる貨物輸送を，鉄道や船を使った輸送に切りかえることをモーダルシフトといいます。これにより，二酸化炭素の排出量をおさえることができ，環境への負担が軽くなります。

🦠日本の貿易の変化

　国と国との間で，商品を売り買いすることを**貿易**といいます。このうち，外国から商品を買うことを**輸入**，外国に商品を売ることを**輸出**といいます。

　日本は石油などの資源がとぼしいため，原料や燃料を輸入して，それを加工した製品を輸出する加工貿易を行い，経済を発展させてきました。近年は，機械類などの製品の輸入も増えています。

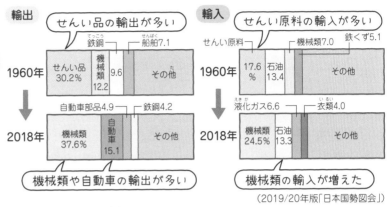

▲日本の輸出入品の変化

つけたし 日本最大の貿易港は千葉県の成田国際空港です。

（2019/20年版「日本国勢図会」）

🦠日本の貿易相手国

　日本の最大の貿易相手国は，長年にわたって**アメリカ合衆国**でしたが，近年，**中国**が最大の貿易相手国になりました。地域別では，中国や韓国，インドネシアなどの**アジアの国々**との貿易が増えてきています。

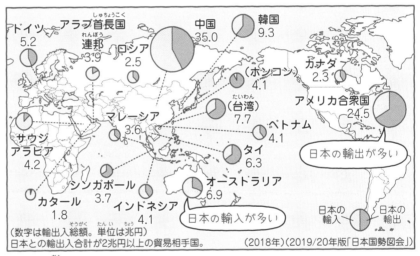

（数字は輸出入総額。単位は兆円）
日本との輸出入合計が2兆円以上の貿易相手国。
（2018年）（2019/20年版「日本国勢図会」）

▲日本の主な貿易相手国・地域とその輸出入額

🦠貿易をめぐる問題

　国と国との貿易では，しばしば対立が起こることがあります。これを**貿易摩擦**といいます。多くの場合，一方の国の貿易黒字（輸出額が輸入額を上回ること）が大きくなりすぎることによって起こります。日本はアメリカ合衆国などとの間で日本の貿易黒字を原因として，貿易摩擦が起こりました。

　また，輸入品にかける関税をなくしたり，輸入量や種類を制限しないようにしたりすることを**貿易の自由化**といいます。

🔹日本の資源

日本は天然資源が少なく，石油や石炭，鉄鉱石や天然ガスなどの大部分を輸入にたよっています。

石油はサウジアラビアなどの**ペルシア（ペルシャ）湾岸の国々**から，石炭と鉄鉱石は**オーストラリア**から，天然ガスはオーストラリアやマレーシア，カタールなどからの輸入が多くなっています。

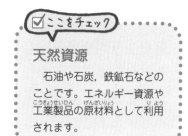

✓ここをチェック

天然資源

石油や石炭，鉄鉱石などのことです。エネルギー資源や工業製品の原材料として利用されます。

🔹日本の電力・エネルギー

日本国内で使われている工場や家庭の電力は，火力発電などから得ています。

✿**火力発電**…石油や石炭，天然ガスを燃やして発電します。**日本の発電の中心ですが，二酸化炭素を多く排出し，地球温暖化の原因となります。** 発電所は臨海部に多くあります。

✿**水力発電**…水の力を利用して発電します。発電所は山間部に多くあります。

✿**原子力発電**…ウランなどを燃料にして発電します。**事故などの安全性をめぐる問題や，放射性廃棄物の処理の問題があります。**

🔹これからの電力・エネルギー

現在，環境にやさしいエネルギーとして，**風力，太陽光，地熱，バイオマス**などの**再生可能エネルギー（自然エネルギー，新エネルギー）**への転換が進められています。**再生可能エネルギーはくり返し使うことができ，なくなる心配がありません。**

もっとくわしく バイオマスは，さとうきびやとうもろこし，動物のふん尿などの生物資源を利用します。

- ●**輸送手段→自動車，鉄道，船，航空機**。旅客・貨物とも**自動車**が中心。
- ●**加工貿易**で経済が発展。近年は製品の輸入が増加。最大の貿易相手国は**中国**。
- ●**天然資源の多くを輸入。火力発電が中心。再生可能エネルギーへ転換。**

- -

チェック 2 次の各問いに答えましょう。

(1) 旅客輸送・貨物輸送の中心となっている輸送手段は何ですか。　　（　　　　　　）

(2) 現在，日本の最大の貿易相手国はどこですか。　　　　　　　　　（　　　　　　）

- -

レッスン12の 力だめし

➡ 解説は別冊p.6へ

〔36〕

1 大工場と中小工場について，次の各問いに答えましょう。

(1) 設備を整え，大量生産をしているのはどちらですか。

（　　　　　　　　　）

(2) 工場数や働く人の数が多いのはどちらですか。

（　　　　　　　　　）

2 次のア～エのうち，石油や自動車などのかさばる物や重い貨物を運ぶ輸送手段はどれですか。記号を書きましょう。

ア．航空機　　イ．鉄道　　ウ．自動車　　エ．船

（　　　　　　　　　）

3 日本の貿易について次のグラフを見て，あとの各問いに答えましょう。

輸出　　　　　　　　　　　　輸入

鉄鋼　　　船舶7.1　　　　せんい原料　　　①7.0　　鉄くず5.1

1960年｜せんい品 30.2%｜①12.2｜9.6｜その他｜

1960年｜17.6%｜③13.4｜その他｜

自動車部品4.9　鉄鋼4.2　　　液化ガス6.6　衣類4.0

2018年｜①37.6%｜②15.1｜その他｜

2018年｜③24.5%｜①13.3｜その他｜

(2019/20年版「日本国勢図会」)

▲日本の輸出入品の変化

(1) ①～③にあてはまる工業製品や原材料を書きましょう。

①（　　　　　）　②（　　　　　）　③（　　　　　）

(2) 1960年の輸出入品のグラフに見られるように，原料などを輸入して，製品を輸出する貿易を何といいますか。

（　　　　　　　　　）

4 次のア～ウのうち，日本の発電の中心となっている発電方法はどれですか。記号を書きましょう。

ア．火力発電　　イ．原子力発電　　ウ．水力発電

（　　　　　　　　　）

レッスン13 情報は世界をめぐる!!

［5年／私たちの生活と情報］

このレッスンのはじめに♪

　私たちはテレビ，インターネット，新聞，雑誌，ラジオなどから，多くの情報を手に入れることができます。地域のイベントや日本の景気に関するニュース，世界各地で起こった事件など，さまざまな情報がしゅん時に伝えられています。これらの情報はだれが，どのように伝えているのでしょうか。

　また，情報があふれる現在の社会で，私たちはどのように情報を選び，活用していけばよいのでしょうか。くわしく見ていきましょう。

1 情報を伝える

授業動画はこちらから

情報を伝える方法

情報を伝る方法として，早くから発達したのは手紙やはがきなどの**郵便**，**電話**でした。これらの方法は個人間で情報をやりとりするものですが，**テレビ**や**新聞**など，一度に多くの情報をたくさんの人に伝える方法もあります。

情報を伝える方法をメディアといい，一度に多くの情報をたくさんの人に伝える方法をマスメディアといいます。 下の絵は，私たちの回りの主なメディアとその特ちょうについて，まとめたものです。

> ☑ここをチェック
>
> **情報**
> ある物事の内容や様子について，人に伝えられる知らせ。または，判断や行動のもとになる知識のことです。

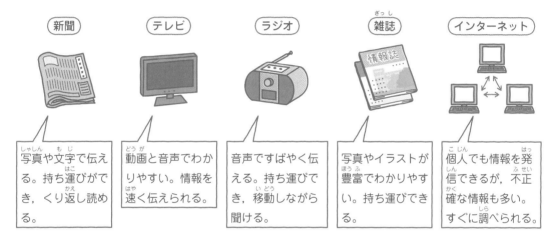

新聞	テレビ	ラジオ	雑誌	インターネット
写真や文字で伝える。持ち運びができ，くり返し読める。	動画と音声でわかりやすい。情報を速く伝えられる。	音声ですばやく伝える。持ち運びでき，移動しながら聞ける。	写真やイラストが豊富でわかりやすい。持ち運びできる。	個人でも情報を発信できるが，不正確な情報も多い。すぐに調べられる。

つけたし テレビや新聞などのマスメディアがニュースなどの情報を伝えることをマスコミュニケーション，略してマスコミといいます。マスコミは，テレビや新聞などを指すこともあります。

日本の放送局

放送局は，テレビやラジオの番組をつくっています。放送局には大きく分けて次の2つがあります。

☆**NHK（日本放送協会）**…視聴者が支はらう放送受信料で運営されています。

☆**民間放送局**…民間の会社が運営しています。番組中にスポンサー（広告主）の**広告（コマーシャル）**を流し，その広告料をもらって番組をつくります。

2011年7月から一部の地域を除いて，テレビの**地上デジタル放送**がはじまりました。これにより，きれいな映像を楽しむことができ，番組表などの情報も受け取れるようになりました。また，視聴者が番組のクイズに参加したり，アンケートに答えたりして，**双方向**で情報をやり取りできるようになりました。

もっとくわしく テレビ放送には放送衛星を利用したＢＳ放送や，通信衛星を利用したＣＳ放送があります。放送衛星も通信衛星も電波を中継する役割をになっています。

📺テレビのニュース番組づくり

　テレビのニュース番組づくりには，アナウンサー（キャスター）や記者，カメラマンや編集者など，多くの人が関わっています。ニュース番組をつくる人たちは，**すばやく正確な情報を伝えられる**ように，常に努力しています。

テレビのニュース番組ができるまで（例）

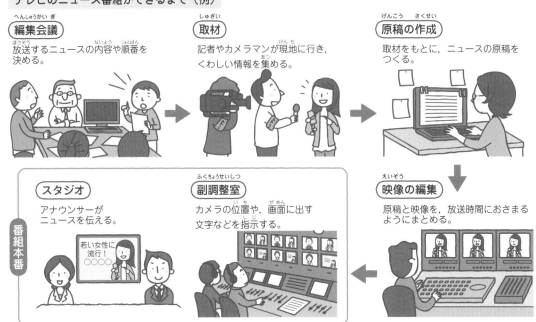

編集会議
放送するニュースの内容や順番を決める。

取材
記者やカメラマンが現地に行き，くわしい情報を集める。

原稿の作成
取材をもとに，ニュースの原稿をつくる。

映像の編集
原稿と映像を，放送時間におさまるようにまとめる。

番組本番

スタジオ
アナウンサーがニュースを伝える。

若い女性に流行！

副調整室
カメラの位置や，画面に出す文字などを指示する。

つけたし メディアが流した事実とちがう報道などによって被害を受けることを，報道被害といいます。

🌐インターネットの広まり

　インターネットは，世界中のコンピューターを結んだネットワークです。 2000年ごろから急速に広まりました。インターネットが広まって，企業などの**ウェブサイト（ホームページ）**をだれでも気軽に見られるようになったり，友達と**電子メール（Eメール）** をやりとりできるようになりました。また，**インターネットショッピング**を利用すれば，店に行かなくても買い物ができるようになりました。

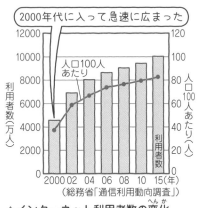

2000年代に入って急速に広まった

人口100人あたり

利用者数

（総務省「通信利用動向調査」）

▲インターネット利用者数の変化

もっとくわしく 近年，インターネットの回線として，多くの情報を高速で伝えることができる光ファイバーが広く利用されています。光ファイバーにはガラスなどの材料が使われています。

ポイント
●メディア→**新聞，テレビ，ラジオ，雑誌，インターネット**など。
●**インターネット**の発達→**電子メール**や**インターネットショッピング**。

チェック 1 次の各問いに答えましょう。

(1) 情報を伝える方法を何といいますか。 （　　　　　）

(2) 放送受信料で運営されている公共の放送局は何ですか。 （　　　　　）

2 情報ネットワークの活用と情報の使い方

授業動画はこちらから

情報（化）社会

近年，**情報通信技術（ICT）**が大きく発達しました。情報通信技術とは，パソコンなどをつくったり，さまざまなソフトウェアを開発したりする技術のことです。私たちの回りには情報があふれ，産業や生活の中での情報の役割は欠かせなくなっています。このような社会を**情報（化）社会**といいます。情報社会の中で，コンピューターなどの情報通信機器を網の目のようにつないで，たくさんの情報を共有する**情報ネットワーク**がさまざまな分野で活用されています。

医療での情報ネットワーク

病院などでは，患者の診療に関する記録（カルテ）をパソコンなどのデータ上に保管する**電子カルテ**が導入されています。また，遠くはなれた病院どうしをインターネットで結び，患者のレントゲンの画像などを見ながら，治療について相談などができる**遠隔医療**も広まっています。遠隔医療は，しせつが不十分な山間部や離島での医療に利用されています。

防災での情報ネットワーク

地震が起こったときには，強いゆれが来ることを**緊急地震速報**によってすばやく知らせます。

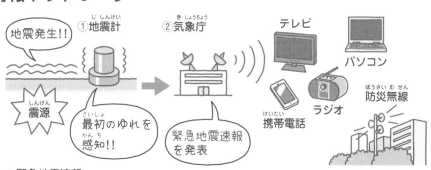

▲緊急地震速報

緊急地震速報を受け取ることによって，強いゆれが来る前に安全な場所にのがれたり，電車や車を止めたりすることができます。

また，都道府県や市町村は，地震や洪水などの自然災害が起こったとき，避難指示などの防災情報を電子メールなどで配信しています。

♣さまざまな情報ネットワークの活用

　地域の高齢者を見守るシステムや，市町村の図書館にある本を検さくできるシステムなどにも情報ネットワークが活用されています。コンビニエンスストアなどでは，商品の**バーコード**をレジで読み取ることによって，売れゆきをはあくして，仕入れなどにいかしています。また，国や都道府県の仕事にコンピューターネットワークをいかす**電子政府・電子自治体**の動きも進んでいます。

つけたし 近年，さまざまな人々がインターネット上でやり取りを楽しめるFacebookやLine，Twitterなどのソーシャル・ネットワーキング・サービス（SNS）が急速に広まっています。

♣情報をめぐる問題

　インターネットなどを利用した**サイバー犯罪**が多く発生しています。**コンピューターウイルスによって，他人のコンピューターに勝手に入りこんだり，インターネット上での品物の売り買いで他人をだましたりする犯罪があります。**

　また，年齢や所得，地域などの差によって，情報を利用する機会に差ができてしまう**情報格差（デジタルデバイド）**の問題もあります。例えば，高齢者はパソコンやスマートフォンなどの情報機器をうまくあつかえない人が多く，若い人との間で格差が生まれてしまいます。

♣情報の使い方

　私たちはたくさんの情報の中から自分に必要な情報を選び取り，活用する能力を身につけなくてはいけません。これを**メディアリテラシー**といいます。また，自分が情報を発信するときは，氏名や住所などの**個人情報**や**プライバシー**，**著作権**などの取りあつかいに十分気をつけなくてはいけません。情報を取りあつかうときに気をつけなくてはいけないルールやマナーを**情報モラル**といいます。

もっとくわしく 著作権とは，文章やイラストなどをつくった人やその権利を引きついだ人だけに認められている，その文章やイラストを他の人に勝手に使われないようにするための権利です。

ポイント

●**情報通信技術（ICT）**の発達→**情報（化）社会。**

●**情報ネットワークの活用→電子カルテ，遠隔医療，緊急地震速報**など。

チェック 2 　次の各問いに答えましょう。

(1) 病院で患者の診療記録をパソコンなどのデータ上に保管したものを何といいますか。

（　　　　　　　　）

(2) 文章やイラストをつくった人などに認められている権利を何といいますか。（　　　　　　　　）

レッスン13の 力だめし

➡ 解説は別冊p.7へ

1 次の①〜④のメディアの特ちょうとして正しいものを，あとのア〜エから，それぞれ記号で選びましょう。

①テレビ （　　　　　）　　②新聞　　　　　　（　　　　　）

③ラジオ （　　　　　）　　④インターネット　（　　　　　）

ア．すぐに調べることができます。ただし，不正確な情報も多いです。

イ．音声ですばやく伝えます。持ち運びでき，移動しながら聞けます。

ウ．動画と音声でわかりやすいです。情報を速く伝えることができます。

エ．写真や文字で伝えます。持ち運んで，くり返し読むことができます。

2 世界中のコンピューターを結んだネットワークを何といいますか。

（　　　　　　　　　　）

3 パソコンなどをつくったり，さまざまなソフトウェアを開発したりする技術を何といいますか。

（　　　　　　　　　　）

4 地震が起きた直後に気象庁が出す情報を何といいますか。

（　　　　　　　　　　）

5 コンビニエンスストアなどでは，商品の何をレジで読み取ることによって，売れゆきをはあくして，仕入れなどにいかしていますか。

（　　　　　　　　　　）

6 年齢や所得，地域などの差によって，情報を利用する機会に差ができてしまうことを何といいますか。

（　　　　　　　　　　）

7 たくさんの情報の中から自分に必要な情報を選び取り，活用する能力を何といいますか。

（　　　　　　　　　　）

レッスン14 森林がつくりだすもの

［5年／私たちの生活と環境］

このレッスンのはじめに♪

　森林は空気をきれいにしたり，水をきれいにしたりするだけでなく，土を支えて土砂くずれを防いだり，動物のすみかとなったり，さまざまな働きがあります。また，森林を育てるには長い年月がかかり，手入れも必要です。このレッスンでは森林の働きや林業の仕事について，見ていきましょう。

　ここではほかにも，日本で起こる自然災害，これまでに発生した公害，および地球規模の環境問題についても，確認していきましょう。

1 森林と生きる

森林が多い日本

日本は森林が多く，国土面積の約3分の2をしめており，すぎやまつ，ひのきなどの針葉樹林，ぶなやかえでなどの広葉樹林におおわれています。

森林は，次の2つに大きく分けることができます。

☆天然林…落ちた種などから芽を出し，自然（天然）の力で育った森林です。

☆人工林…人が山に苗木を植えて育てている森林です。主に木材に利用します。

天然林のうち，人の手が全く入っていない森林を原生林といいます。日本では，白神山地や鹿児島県の屋久島，北海道の知床などの原生林が有名で，世界自然遺産に登録されています。

> ☑ ここをチェック
>
> **白神山地**
> 青森県と秋田県にまたがる山地で，ぶなの原生林が広がっています。貴重な動植物を見ることができます。

森林の働き

森林は雨水を地下水としてたくわえて，少しずつ流し出す働きがあります。

「土砂くずれを防ぐ」　「水をたくわえる」　「木材を生み出す」　「空気をきれいにする」　「動物たちを養う」　「きれいな水を生み出す」

▲森林の働き

このことから，森林は「緑のダム」と呼ばれます。ほかにも，土を支えて土砂くずれを防いだり，地球温暖化の原因となる二酸化炭素を取りこんで酸素をつくったりする働きがあります。

つけたし 森林は風による被害を防ぐ防風林，砂による被害を防ぐ防砂林などにも利用されています。「緑のダム」については，36ページも確認しましょう。

林業の仕事

林業は，木を育てて木材や紙の原料，燃料などを生産する仕事です。1本の木を育てるには，50～80年ぐらいかかります。

0～3年	3～10年	10～20年	20～50年	50～80年	
苗木を育てる	苗木を植える	下草がり	枝打ち	間伐	伐採 → 出荷

（下草がり）　（枝打ち）　（伐採）

▲林業の仕事の流れ（一例）

次にあげるのは，89ページの図の中にある，林業の主な仕事の内容です。

☆**下草がり**…木の生長をじゃまする雑草を取り除きます。

☆**枝打ち**…節のない木材をつくるために，余分な枝を切り落とします。

☆**間伐**…弱った木などを切り落とし，木と木の間を広げて，太陽の光がよく届くようにします。間伐された木材は，わりばしなどに利用されます。

🌿林業の課題

日本は**世界有数の木材輸入国**です。これは外国産の木材のほうが国産の木材より安いことが影響しています。また，林業で働く人が減り，林業従事者の**高齢化**も進んでいて，あとをつぐ若い人が少ないことも問題となっています。

🌿自然を守るために

森林などの自然を守るため，世界的にさまざまな取り組みが行われています。

☆**世界遺産条約**…世界的に貴重な自然や建造物を世界遺産として登録し，守っていくための条約です。森林や湖などの自然遺産，遺跡などの文化遺産，この両方の価値をかね備えた複合遺産があります。

▲日本の世界自然遺産

☆**ラムサール条約**…沼や湿原，干潟と，そこで生活する水鳥などの生物を保護することを目的に結ばれた条約です。

☆**ナショナル・トラスト運動**…市民団体が募金などでお金を集め，貴重な自然や文化財などを買い取り，保護する運動です。

ポイント

●**天然林**と**人工林**。森林は「**緑のダム**」。林業の仕事→**枝打ち**や**間伐**など。

●**世界遺産条約**や**ラムサール条約**，**ナショナル・トラスト運動**で自然を保護。

チェック 1　次の各問いに答えましょう。

(1) 自然の力で育った森林を何といいますか。　　　　　　　（　　　　　　）

(2) 森林は何のダムと呼ばれますか。　　　　　　　　　　（　　　　　　）

授業動画は
こちらから

2 自然災害と環境問題

🔹地震が多い日本

　日本は世界の中でも**地震**の多い国です。大きな地震が起きると建物がこわれたり，火事やがけくずれが起こったりして，被害が出ます。また，海底で地震が起こった場合には，**津波**が発生し，沿岸の地域におしよせることがあります。

　1995年1月17日には，**阪神・淡路大震災（兵庫県南部地震）**が発生し，大きな被害が出ました。2011年3月11日には，**東日本大震災（東北地方太平洋沖地震）**が発生しました。**東日本大震災では，大きな津波が発生し，東北地方から関東地方にかけての太平洋に面する地域で大きな被害が出ました。**

つけたし 東日本大震災では，地震と津波によって，福島県の福島第一原子力発電所で事故が起こり，大量の放射性物質が大気中に放出されました。

🔹さまざまな自然災害

　日本は火山が多い国で，**火山の噴火**がよく起こります。また，台風や集中豪雨，梅雨の時期の長雨によって，**洪水**が起こったり，**土砂**くずれや**土石流**などの土砂災害が起こったりします。台風のときには，波が高くなって沿岸の地域に被害が出る**高潮**が発生することもあります。

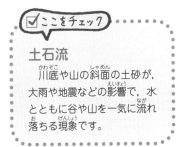

☑ここをチェック

土石流
川底や山の斜面の土砂が，大雨や地震などの影響で，水とともに谷や山を一気に流れ落ちる現象です。

つけたし 水不足による干害，夏の低温による冷害，雪害，竜巻なども起こります。

🔹自然災害への備え

　自然災害を防ぐことを**防災**，自然災害による被害をできるだけ少なくすることを**減災**といいます。さまざまな防災・減災の取り組みが行われています。

　津波や高潮を防ぐための**防潮堤**，土石流をくい止めるための**砂防ダム**などがつくられています。自然災害による被害が出そうな場所や被害の程度などを予測し，避難経路などを示した**ハザードマップ（防災マップ）**もつくられています。

🔹さまざまな公害

　工業などの生産活動や日常生活によって，自然環境や人々の体に被害が出ることを**公害**といいます。主な公害に**大気汚染（空気のよごれ）**や工事などによる**騒音**，**悪臭**，水のよごれなどがあります。

つけたし 工場が地下水をくみ上げすぎることなどにより，土地がしずむ地盤沈下も発生しています。

（2019/20年版「日本国勢図会」）
▲公害の割合（苦情件数）

四大公害病の発生

日本は1950年代中ごろから1970年代初めまで，経済が著しく発展しました。これを**高度経済成長**といいます。このころ，産業の発展を優先しすぎたため，各地で多くの公害が発生し，特に四大公害病は大きな問題となりました。

公害病	症状	原因物質	うったえられた企業
水俣病	手足がしびれ，目や耳に障害が出る。	有機水銀	チッソ
イタイイタイ病	骨に激しい痛みが出る。	カドミウム	三井金属鉱業
四日市ぜんそく	せきが止まらなくなる。	亜硫酸ガス	三菱油化など
新潟水俣病（第二水俣病）	（水俣病と同じ。）	有機水銀	昭和電工

▲四大公害病

▲四大公害病の発生地

公害対策と環境保護

1967年には**公害対策基本法**，1993年には環境保護の基本的な決まりを定めた**環境基本法**が制定されました。環境問題に取り組むために環境庁がつくられ，その後**環境省**となりました。また，ごみを**リサイクル**することで，廃棄物をなくすことなどを目指す**エコタウン**事業も進められています。

地球規模の環境問題として，二酸化炭素などの温室効果ガスが増えることによって，地球の気温が上がる地球温暖化があります。この地球温暖化の原因となる二酸化炭素などの排出量を減らすために，積極的な取り組みをしている都市は，国によって**環境モデル都市**に指定されています。

つけたし 1997年に，先進国に温室効果ガスを減らすための具体的な数値目標を定めた京都議定書が採択されました。2016年にはすべての参加国が温室効果ガスを減らす努力をすることを定めたパリ協定が発効した。

ポイント

● 地震・火山が多い日本→**阪神・淡路大震災**や**東日本大震災**で大きな被害。

● 高度経済成長の時代→四大公害病の発生→**水俣病，イタイイタイ病，四日市ぜんそく，新潟水俣病**。

チェック 2 次の各問いに答えましょう。

⑴ 2011年3月11日に発生した地震を何といいますか？　　　　　　　　（　　　　　　　）

⑵ 環境保護の基本的な決まりを定めた法律は何ですか？　　　　　　　（　　　　　　　）

レッスン14の 力だめし

授業動画は
こちらから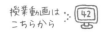

解説は別冊p.7へ

1 世界自然遺産に登録されている，青森県と秋田県にまたがる山地を何といいますか。

（　　　　　　　　　　）

2 次のア〜オは，林業の仕事です。正しい順番になるように，記号で並びかえましょう。

ア．下草がり　イ．伐採　ウ．枝打ち　エ．苗木を植える　オ．間伐

（　　　→　　　→　　　→　　　→　　　）

3 次のア〜エのうち，東日本大震災で発生し，被害を大きくした自然災害はどれですか。記号を書きましょう。

ア．冷害　　イ．津波　　ウ．竜巻　　エ．高潮

（　　　　　　　　　　）

4 自然災害を防ぐことを何といいますか。

（　　　　　　　　　　）

5 右の表は四大公害病について，まとめたものです。表中の①〜④にあてはまる公害病を書きましょう。

公害病	症状	原因物質	うったえられた企業
①	手足がしびれ，目や耳に障害が出る。	有機水銀	チッソ
②	骨に激しい痛みが出る。	カドミウム	三井金属鉱業
③	せきが止まらなくなる。	亜硫酸ガス	三菱油化など
④	（水俣病と同じ。）	有機水銀	昭和電工

▲四大公害病

①（　　　　　　）
②（　　　　　　）
③（　　　　　　）
④（　　　　　　）

6 地球温暖化の原因となる二酸化炭素などの排出量を減らすために，積極的な取り組みをし，それを国によって評価され，選定された都市を何といいますか。

（　　　　　　　　　　）

レッスン 15 遺跡や古墳が伝えるもの

[6年／大昔の暮らし]

このレッスンのイントロ♪

　ここからは歴史の勉強です。みなさんが住んでいるところの近くに，遺跡や古墳はありませんか？　遺跡や古墳からは，当時の人たちがどんなものを食べて，どんな家に住み，どんな道具を使って，どんなことをして過ごしていたかなどを知ることができます。

　ここでは，縄文時代・弥生時代・古墳時代の日本の様子や，生活の移り変わりについて，遺跡や古墳などを手がかりにくわしく見ていきましょう。

① 西暦・世紀と元号（年号）

授業動画は
こちらから 43

43 　歴史では**西暦**や**元号（年号）**を使って，その出来事がいつ起こったかを表します。西暦はキリストが生まれたと考えられる年を紀元1年（紀元元年）とする表し方です。そして，100年をひとまとめにした数え方が**世紀**です。

←	紀元前（B.C.）		紀元後（A.D.）		→
3世紀	2世紀	1世紀	1世紀	2世紀	3世紀
三〇〇年 二〇一年	二〇〇年 一〇一年	一〇〇年 一年	一年 一〇〇年	一〇一年 二〇〇年	二〇一年 三〇〇年

※紀元前を表すB.C.は，Before Christ（キリスト以前）を略したもの，紀元後を表すA.D.はAnno Domini（わが神の世）を略したものです。

　元号（年号）は，大化や応仁，昭和や平成など，ある年を基準にした年数の表し方です。また，歴史では政治の中心地がどこにあったかなどによって，鎌倉時代，江戸時代などの**時代**で区切って表すこともあります。

② 縄文時代と弥生時代の暮らし

授業動画は
こちらから 44

44 縄文時代のはじまり

　今から約1万年前，**日本列島**が誕生しました。それまで日本は大陸と陸続きでしたが，気候が暖かくなって海水面が上がったことで大陸からはなれました。これにより，**ナウマンゾウ**などの大型の動物がほろびました。この少し前の**約1万6500年前から縄文時代がはじまり，1万4000年余り続きました。**

もっとくわしく　今から1万年前ごろまでの時代を旧石器時代といいます。人々は打製石器を使用し，移動しながら狩りや漁をしていました。日本の旧石器時代の代表的な遺跡は群馬県の岩宿遺跡です。

縄文時代の暮らしと道具

　縄文時代の人々は，川などに近い**台地**につくった**たて穴住居**に住みました。食べ物は狩りや漁をしたり，木の実を採集したりして手に入れました。そして**縄文土器を使って，食べ物を煮たきしたり，たくわえたりしました。**縄文土器のほかにも，石器をみがいた**磨製石器**や，石を打ち欠いてつくった**打製石器**，動物の骨やつのをけずってつくった骨角器などの道具を使いました。また，**土偶**は，豊かなめぐみを願ってつくったと考えられています。

ここをチェック

たて穴住居
地面をほり下げて床をつくり，穴をほって柱を立てて屋根をカヤなどでふいた住居。

　当時の人々の生活の様子は，各地の貝塚や遺跡などから知ることができます。**貝塚**は縄文時代のごみ捨て場のあとで，貝類の殻などが見つかっています。

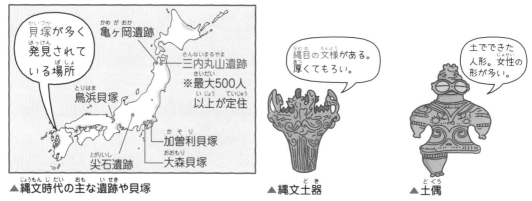

▲縄文時代の主な遺跡や貝塚 ▲縄文土器 ▲土偶

つけたし 青森県の三内丸山遺跡は，5500年ぐらい前から約1500年間続いた大集落のあとです。

弥生時代の暮らし

　約2400年前ごろ弥生時代がはじまり，600〜700年間続きます。弥生時代には本格的な**米づくり**がはじまりました。米づくりは大陸から九州に伝わり，その後，東北地方にまで広がりました。人々はたて穴住居に住み，収かくした米は湿気を防ぐことができる**高床の倉庫**（高床倉庫）に保管しました。

つけたし 高床の倉庫には，ねずみが入るのを防ぐために「ねずみ返し」のくふうをしていました。

弥生時代の道具

　弥生時代にはうすくてかたい弥生土器を使うようになりました。米づくりでは，**田げた**や**石包丁**を使いました。石包丁は稲穂をかり取る道具です。また，大陸から**青銅器**や**鉄器**などの金属器が伝わりました。**銅鐸**や**銅鏡**，銅剣などの青銅器は主に祭りの道具として，鉄器は武器や工具，農具などに使いました。

▲石包丁　　　　▲弥生土器

むらからくにへ

　米づくりが広まって，集落の人は協力して農作業や祭りを行うようになり，その集落が**むら**となりました。むらの中には，農作業や祭りをとりしきる力をもった**指導者**（首長）が現れました。このようにして**身分の差**が生まれ，人々の間には土地のよしあしなどによって**貧富の差**も生まれました。

　むらとむらの間では，収かくした米や土地，水をめぐって争いが起こりました。争いに勝ったむらは負けたむらを従えて，小さなくにへ発展しました。その指導者は強い力をもつ**支配者**となり，その後，**豪族**や**王**と呼ばれるようになりました。

👣古代のくにと中国との交流

　紀元前後の日本（倭）は100余りの小さな国に分かれていたといわれています。その中のひとつである**九州北部の奴国の王は，57年に中国（後漢）の皇帝に使いを送り，金印をさずかりました。**この金印は福岡県の志賀島で発見され，金印には「漢委奴国王」と刻まれていました。

　3世紀ごろになると，小さな国どうしの争いが起こり，世の中が乱れました。そんな中，**卑弥呼を女王とする邪馬台国が30余りの小国を従えて，乱をおさえました。**卑弥呼は239年に中国（魏）の皇帝に使いを送り，「**親魏倭王**」の称号と銅鏡100枚などをさずかりました。このことは中国の歴史書の『**魏志**』倭人伝に記されています。

▲金印　　（福岡市博物館）

☑ここをチェック

卑弥呼

　邪馬台国の女王。うらないやまじないによって，政治を行いました。邪馬台国があった位置は九州北部説と畿内（近畿）説が有力ですが，特定されていません。

👣弥生時代の遺跡

　弥生時代の遺跡としては，静岡県の**登呂遺跡**や福岡県の**板付遺跡**などがあります。これらの遺跡からは，米づくりが行われていたことを示すいろいろなものが出てきています。

　佐賀県の**吉野ヶ里遺跡**は，弥生時代後期の大きな集落のあとです。敵の様子を監視する**物見やぐら**や，周りをさくやほりなどで囲んだあとが見つかっています。このことから，当時争いがあったことがわかります。

▲弥生時代の主な遺跡

（地図中のラベル）加茂岩倉遺跡／荒神谷遺跡／吉野ヶ里遺跡／垂柳遺跡／弥生町遺跡／登呂遺跡／唐古・鍵遺跡／板付遺跡／池上曽根遺跡

もっとくわしく 吉野ヶ里遺跡のように周りをほりなどで囲んだ集落を環濠集落といいます。

ポイント
- ●**縄文時代**→**たて穴住居**。**縄文土器，磨製石器，土偶**などを使用。**貝塚**。
- ●**弥生時代**→**米づくり**。**弥生土器，石包丁，青銅器，鉄器**を使用。
- ●**邪馬台国**→**卑弥呼**が女王。弥生時代の遺跡→**吉野ヶ里遺跡**など。

チェック 1　次の各問いに答えましょう。

⑴　豊作などを願ってつくられたといわれる，土の人形を何といいますか。　　（　　　　　）
⑵　弥生時代，収かくした米はどこに保管しましたか。　　　　　　　　　　　（　　　　　）

③ 古墳と大和政権の成立

授業動画は
こちらから ⏿ 45

🏯古墳の広がり

3世紀後半から7世紀ごろまでを古墳時代といい，各地の王や豪族の大きな墓（古墳）がつくられました。 古墳にはさまざまな形がありますが，代表的なのは前が方形，後ろが円形の**前方後円墳**です。ほかにも，**円墳**や**方墳**などがあります。大阪府の**大仙（仁徳陵，大山）古墳**は前方後円墳で，世界

▲大仙古墳　　　　(GIN)

最大級の墓ともいわれています。古墳の上などには，人や馬などの形をした**はにわ**が置かれました。また，銅鏡やまが玉，武器などの**副葬品**も古墳から見つかっています。

🏯大和政権の成立

　3世紀後半，大和地方（奈良県）や河内地方（大阪府）の力をもった豪族たちが連合して，**大和政権（大和朝廷）**をつくりました。大和政権は，のちに天皇と呼ばれる**大王**を中心に政治を行いました。**5～6世紀ごろには，大和政権の勢力が九州地方から東北地方南部にまで広がりました。**

もっとくわしく 埼玉県の稲荷山古墳で発見された鉄剣と，熊本県の江田船山古墳で発見された鉄刀に同じ「ワカタケル大王」の文字があり，大和政権の支配が広がっていたことを確認できます。

🏯大陸文化の伝来

　5世紀ごろから大陸との交流がさかんになり，中国や朝鮮半島から日本列島にに移り住む**渡来人**が増えました。**渡来人は漢字や儒教，土木技術，須恵器などの大陸の文化・技術を日本に伝えました。**儒教とは中国で孔子がそのもとを開いた思想です。6世紀には朝鮮半島の国の百済から正式に**仏教**が伝わりました。

●古墳→**大仙古墳**などの前方後円墳，円墳，方墳。**はにわ**や**副葬品**。

●大和政権は**大王**を中心に政治を行う。渡来人が**漢字**や**仏教**を伝える。

チェック 2　次の各問いに答えましょう。

(1) 前が方形，後ろが円形の古墳を何といいますか。　　　　　　　（　　　　　　　）

(2) 中国や朝鮮半島から日本列島に移り住んだ人々を何といいますか。（　　　　　　　）

レッスン15の 力だめし

➡ 解説は別冊p.8へ

1 次の文章の（　）にあてはまる言葉を書きましょう。

　今から約1万6500年前から（　①　）時代がはじまり，1万4000年余り続きます。人々は川などに近い台地につくった（　②　）に住みました。そして，（　①　）土器や，石器をみがいた（　③　）石器などの道具を使いました。当時の人々の生活の様子は，ごみ捨て場のあとである（　④　）などから知ることができます。

①（　　　　　　）　②（　　　　　　）
③（　　　　　　）　④（　　　　　　）

2 次のア〜エのうち，弥生時代に米づくりの道具として使われたものはどれですか。すべて選んで，記号を書きましょう。

ア．銅鐸　　イ．銅鏡　　ウ．田げた　　エ．石包丁

（　　　　　　　）

3 57年に，九州北部の奴国の王が中国（後漢）の皇帝に使いを送り，皇帝からさずかったものは何ですか。

（　　　　　　　）

4 3世紀の日本で，30余りの小国を従えた邪馬台国の女王はだれですか。

（　　　　　　　）

5 次の文章の（　）にあてはまる言葉を書きましょう。

　3世紀後半から7世紀ごろまでの大きな墓（古墳）がつくられた時代を古墳時代といいます。大阪府の（　①　）古墳は前方後円墳で，世界最大級の墓ともいわれています。古墳の上などには，人や馬などの形をした（　②　）が置かれました。また，銅鏡やまが玉などの副葬品も古墳から見つかっています。

①（　　　　　　）　②（　　　　　　）

6 3世紀後半，大和地方や河内地方の力をもった豪族たちが連合してつくった政権を何といいますか。

（　　　　　　　）

天皇中心の国づくりって？
［6年／天皇と貴族の世の中①］

このレッスンのイントロ♪

　みなさんは聖徳太子という人物を知っていますか？「名前を聞いたことはあるけど，何をした人かは知らない」という人もいるのではないでしょうか。聖徳太子は冠位十二階や十七条の憲法を定めたり，今は世界遺産に登録されている法隆寺を建てたりしました。中大兄皇子や中臣鎌足は大化の改新で政治の改革を行いました。かれらは天皇中心の国づくりを進めようとしたのです。ここでは，聖徳太子たちがどのように天皇中心の国づくりを進めていったのか，見ていきましょう。

1 聖徳太子が行った政治

聖徳太子の登場

　6世紀後半，大和政権の中では，力をもった豪族たちが政治の進め方などをめぐって対立しました。そんな中，渡来人の文化や技術などを取り入れた**蘇我氏**がほかの豪族をたおして，権力をにぎるようになりました。

　593年，聖徳太子は，女性初の天皇であり，自身のおばにあたる推古天皇の摂政となりました。 そして，蘇我氏（蘇我馬子）と協力して，天皇を中心とする国づくりをはじめました。

☑ここをチェック

摂政
　天皇が幼いときや病気などのときに，天皇にかわって政治を進める役職です。

聖徳太子の政治

　聖徳太子は**冠位十二階**や**十七条の憲法**を定めて，天皇の力が強い国をつくろうとしました。

☆ **十七条の憲法**（604年）

第1条　人の和を大切にしなさい。
第2条　仏教をあつく敬いなさい。
第3条　天皇の命令には必ず従いなさい。
第12条　地方の役人が勝手に税を取ってはいけません。

役人の心構えを定めました。人の和を大事にすること，仏教を信じること，天皇の命令を守ることなどが書かれています。

☆ **冠位十二階**（603年）

（上位→下位）

大徳（だいとく）　小徳（しょうとく）　大仁（だいじん）　小仁（しょうじん）　大礼（だいれい）　小礼（しょうれい）　大信（だいしん）　小信（しょうしん）　大義（だいぎ）　小義（しょうぎ）　大智（だいち）　小智（しょうち）

能力がある人や実績がある人を，積極的に役職につける制度。それまでは家がらが優先されました。朝廷での位は，冠の色で示しました。

☆ **遣隋使の派遣**（607年）

隋（中国）の進んだ政治制度や文化を取り入れるため，小野妹子らを遣隋使として派遣。対等な立場で国交を結ぼうとしました。

隋の成立と朝鮮半島

　このころ，**隋**が中国を統一しました。隋は律令制をとり，皇帝の力が強い国づくりを進めました。また，朝鮮半島には**高句麗**（コグリョ），**新羅**（シルラ），**百済**（ペクチェ）という国がありました。

　遣隋使は百済を中継して，隋の都である長安に向かいました。

高句麗　黄河　新羅　百済　長安（隋の都）　洛陽　長江（揚子江）　難波　隋　遣隋使の経路

▲遣隋使がとった経路

飛鳥文化

　592年に推古天皇が即位してから，710年に**平城京**に都が移されるまで，政治の中心が飛鳥地方（奈良盆地南部）にあった時代を**飛鳥時代**といいます。そして，この時代に栄えた文化を**飛鳥文化**といいます。飛鳥文化は日本初の仏教文化であるだけでなく，中国や朝鮮，インドなどの文化の影響を受けた国際色豊かな文化でもありました。

　飛鳥文化の代表的な建物に**法隆寺**があります。聖徳太子は607年に，仏教を広めようと法隆寺を建てました。法隆寺は現存する**世界最古の木造建築**で，飛鳥時代の建築様式を伝えています。また，法隆寺には中国の仏像の影響を受けた釈迦三尊像や玉虫厨子などの貴重な工芸品が残されています。

▲法隆寺　　　　　　　(GIN)

ポイント

●593年，**聖徳太子**は推古天皇の**摂政**となって，蘇我氏とともに国づくりを行い，**冠位十二階**や**十七条の憲法**を定める。**小野妹子**を遣隋使として派遣。

●**飛鳥文化→**日本初の仏教文化。**法隆寺**。釈迦三尊像や玉虫厨子。

チェック1　次の各問いに答えましょう。

(1)　593年，推古天皇の摂政となったのはだれですか。　　　　　　（　　　　　　　）

(2)　(1)の人物が607年に建てた寺は何ですか。　　　　　　　　　　（　　　　　　　）

---

2 大化の改新と律令政治

授業動画はこちらから

48 大化の改新

　聖徳太子が亡くなったあと，蘇我氏は聖徳太子の一族をほろぼして，さらに強い権力をもちました。この独裁的な蘇我氏の政治に不満をもった中大兄皇子は，645年，中臣鎌足らとともに蘇我蝦夷・入鹿親子をたおしました。そして，中国（唐）で学んで帰ってきた留学生や留学僧などと協力して，唐のような強い国をつくろうと政治の改革をはじめました。同じ年，「大化」という初めての元号（年号）を定めたとされることから，この改革を**大化の改新**といいます。

つけたし 中国では618年に隋がほろび，唐がおこりました。630年からは日本から遣唐使が送られました。

👣 天皇中心の政治の改革

　大化の改新では，豪族や皇族がもっていた土地と人民をすべて国（天皇）のものとして，国が直接支配する新しい政治のしくみをつくりました。これを**公地・公民**といいます。

　また，家ごとに人数や名前，性別などをまとめた**戸籍**をつくりました。この戸籍をもとに**6歳以上の男女に口分田をあたえて，死ぬと国に返させる土地制度を設けました。**この土地制度を**班田収授法**といいます。口分田をあたえられた農民には，さまざまな税や義務が課されました。

👣 農民に課せられた税や義務

　農民には，**米の収かく量の約3％を国に納めさせる租**という税が課せられたほか，**調**や**庸**などの税も課せられました。調や庸は成年男子に課せられた税です。織物や各地の特産物，布などは直接都まで運ばなくてはいけなかったため，農民にとってとても大きな負担となりました。ほかにも国司のもとで働く**雑徭**や，**防人などの兵役**が課せられました。

もっとくわしく 国司は地方の役人で，中央の有力な豪族（のちの貴族）から任命されました。

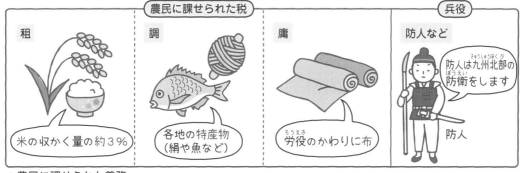

▲農民に課せられた義務

👣 朝鮮半島の動き

　このころ朝鮮半島では，唐と手を結んだ**新羅**（シルラ）が高句麗（コグリョ）と百済（ペクチェ）をほろぼしました。日本は百済と手を結んでいたので，百済を助けに朝鮮半島に出兵しましたが，663年，**白村江の戦い**（はくそんこう）で新羅と唐の連合軍に敗れました。その後，日本は西日本の守りをかため，国内の政治の改革に集中しました。新羅は676年に朝鮮半島を統一します。

▲新羅による朝鮮半島の統一

天智天皇の即位と壬申の乱

中大兄皇子は白村江の戦いのあと，現在の滋賀県に大津宮をつくりました。そして，668年に**天智天皇**となり，唐を手本としながら，**律令**にもとづく政治をはじめました。律は刑法のこと，令は国の制度や政治の決まりなどのことです。

天智天皇が亡くなったあと，**672年，天智天皇の子の大友皇子と，天智天皇の弟の大海人皇子があとつぎをめぐって争いました。**これを**壬申の乱**といいます。壬申の乱に勝った大海人皇子は**天武天皇**として即位し，都を飛鳥に移しました。そして，天皇中心の政治を確立していきました。

大宝律令の制定

701年，唐の律令を参考に**大宝律令**が制定されました。これにより，**天皇を頂点として全国を支配する中央集権国家のしくみが完成しました。**律令にもとづく政治はこのあと約200年間続きます。

大宝律令にもとづく政治のしくみは，中央と地方で分けられています。

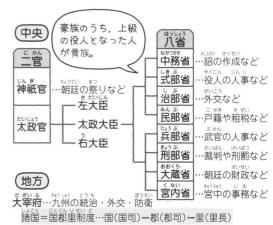

豪族のうち，上級の役人となった人が貴族。

中央		
二官	神祇官	…朝廷の祭りなど
	太政官	太政大臣—左大臣・右大臣

八省
中務省…詔の作成など
式部省…役人の人事など
治部省…外交など
民部省…戸籍や租税など
兵部省…武官の人事など
刑部省…裁判や刑罰など
大蔵省…朝廷の財政など
宮内省…宮中の事務など

地方
大宰府…九州の統治・外交・防衛
諸国＝国郡里制度…国(国司)—郡(郡司)—里(里長)

▲律令政治のしくみ(大宝律令)

☆**中央**…天皇と貴族が中心となって国の政治を進めました。**いろいろな特権をあたえられ，上級の役人となった有力な豪族を貴族と呼びます。**

☆**地方**…**国・郡・里**に分けられ，国ごとに中央の貴族から**国司**を派遣しました。郡には**郡司**，里には**里長**を置きました。九州北部には**大宰府**という役所を置いて，九州の国々をまとめるとともに外交や防衛にあたりました。

つけたし 708年には和同開珎という貨幣がつくられ，商品の取引に利用されました。

ポイント
- **大化の改新→645年，中大兄皇子**が**中臣鎌足**らとともに政治改革を行う。
- **租→米の収かく量の約3 %** を納める。**調**や**庸，雑徭，防人**などの兵役。
- **701年，大宝律令の制定→**天皇を頂点とする中央集権国家のしくみが完成。

チェック 2 次の各問いに答えましょう。

(1) 米の収かく量の約3%を納めさせる税を何といいますか。 （　　　　）

(2) 701年に唐の律令を参考に制定されたものは何ですか。 （　　　　）

レッスン16の 力だめし

授業動画は
こちらから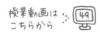

➡ 解説は別冊p.8へ

1 聖徳太子について，次の各問いに答えましょう。

(1) 593年，聖徳太子は何という役職につきましたか。

（　　　　　　　　　　）

(2) 聖徳太子が朝廷の役人の心構えを定めたものは何ですか。

（　　　　　　　　　　）

(3) 聖徳太子は中国の進んだ政治制度や文化を取り入れるため，何を派遣しましたか。

（　　　　　　　　　　）

2 日本初の仏教文化で，中国や朝鮮，インドなどの文化の影響も受けた，国際色豊かな文化は何ですか。

（　　　　　　　　　　）

3 次の文章の（　　）にあてはまる言葉を書きましょう。

645年，蘇我氏の政治に不満をもった中大兄皇子は，（　①　）らとともに蘇我蝦夷・入鹿親子をたおしました。そして，唐のような強い国をつくろうと政治の改革をはじめました。この改革を（　②　）といいます。

（　②　）では，豪族や皇族がもっていた土地と人民をすべて国（天皇）のものとする新しい政治のしくみをつくりました。これを（　③　）といいます。また，家ごとに人数や名前，性別などをまとめた（　④　）もつくられました。

①（　　　　　　　）　②（　　　　　　　）

③（　　　　　　　）　④（　　　　　　　）

4 次のア〜エのうち，織物や各地の特産物を納めさせる税はどれですか。記号を書きましょう。

ア．雑徭　　イ．防人　　ウ．租　　エ．調

（　　　　　　　　　　）

5 律令政治のもとで，国ごとに中央の貴族から派遣された役人を何といいますか。

（　　　　　　　　　　）

レッスン 17 平城京から平安京へ
へいじょうきょう　へいあんきょう
［6年／天皇と貴族の世の中②］

このレッスンのイントロ♪

　現在の奈良県や京都府には，かつて都が置かれていました。710年には奈良に平城京がつくられ，794年には京都に平安京がつくられました。奈良県や京都府には現在も歴史的な町並みや建物が残り，中には世界遺産に登録されているものもあります。ここでは平城京や平安京が栄えた奈良時代から平安時代について，政治や社会の様子を見ていきましょう。また，このころどんな文化が栄えたかについてもしっかりおさえましょう。

① 平城京と聖武天皇の政治

✿平城京のすがた

710年，現在の奈良県に新しい都がつくられました。これが**平城京**です。平城京は**唐**（中国）の都である**長安**を参考につくられました。道路が東西南北に規則正しく並んでいて，天皇が住む皇居や政府の役所，大きな寺などが置かれました。また，都の東と西では市が開かれ，全国から届けられる生産物が取引されました。取引には右のような**和同開珎**(かいほう)などの貨幣が用いられました。

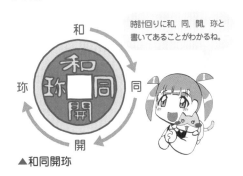
時計回りに和，同，開，珎と書いてあることがわかるね。
▲和同開珎

平城京に都が移された710年から，平安京に都が移されるまでの時代を**奈良時代**といいます。

> **つけたし** 全国から届けられる生産物の管理には，木簡という木の札が使われました。当時，紙は大変貴重なものだったため，木簡に墨で文字を書いて手紙や書類のかわりにしていました。

✿農民の苦しい生活

103ページでも学習したように，当時の農民は税や兵役などの重い負担に苦しみ，貧しい生活を送っていました。**山上憶良**は『万葉集』に収められている「**貧窮問答歌**」で，奈良時代の農民の貧しい生活をうたっています。『万葉集』は日本最古の歌集で，さまざまな身分の人の歌が4500首収められています。

✿変わる土地の制度

農民の中には苦しい生活にたえられなくなり，口分田を捨てて逃げる人が出てきました。これにより田畑が荒れてしまい，人口の増加とも重なって人々にあたえる口分田が足りなくなりました。そこで，朝廷は次のような法令を出して，開墾をすすめました。

★**三世一身の法**…723年に制定。新しく用水（かんがいしせつ）をつくって土地を開墾すれば，**3代にわたって**その土地を私有することができます。

★**墾田永年私財法**…743年に制定。新しく土地を開墾すれば，その土地を**永久に**私有することができます。

墾田永年私財法が出されたことによって，**力をもった貴族や寺院はどんどん新しい土地を開墾し，私有地を増やしました。**このような私有地は，その後，**荘園**と呼ばれるようになりました。

> **もっとくわしく** 貴族や寺院が私有地を増やしたことで，公地・公民や班田収授の制度はくずれました。

聖武天皇の政治

聖武天皇が即位したころ，朝廷では貴族が権力をめぐって争っていました。また，全国各地で自然災害や伝染病，凶作（農作物の不作）などが続いて，不安定な社会となっていました。そこで**聖武天皇は，仏教の力で世の中の不安をなくそうと考えました。**

まず，国ごとに**国分寺・国分尼寺**をつくりました。そして，都には全国の国分寺の中心となる**東大寺**を建てました。また，**僧の行基の協力を得て，東大寺の本尊となる大仏をつくり，752年に完成しました。**

ここをチェック

行基
奈良時代の僧。諸国をめぐりながら仏教を広めるとともに，ため池や橋をつくる社会事業を進めて，人々からとても信頼されていました。

遣唐使の派遣

中国では隋がほろびたあと，唐がおこり，日本からは遣隋使に引き続いて，**遣唐使**が送られました。遣唐使は630年から送られ，菅原道真の提案によって停止される894年まで続きます。遣唐使を派遣した目的には，唐のすぐれた政治制度や文化を学ぶこと，唐とのよい関係を保つこと，朝鮮半島の様子を知ることなどがありました。

また，遣唐使の求めに応じる形で，唐の高僧の**鑑真**が日本にやってきました。鑑真は航海に何度も失敗し盲目になりながらも来日し，仏教の戒律（おきて）を伝え，奈良に**唐招提寺**を建てました。

▲遣唐使がとった経路

奈良時代に栄えた文化

聖武天皇の時代を中心に栄えた国際色豊かな仏教文化を天平文化といいます。天平文化には遣唐使などがもたらした唐の文化の影響が見られるほか，**シルクロード**を通して伝わったローマやペルシャ，インドなどの影響も見られます。代表的な建物は東大寺の**正倉院**や唐招提寺です。正倉院は三角形の木材を組み合わせた**校倉造**でできていて，聖武天皇の宝物などが収められています。

▲正倉院

（宮内庁正倉院事務所）

つけたし シルクロードは絹の道ともいわれ，中国とヨーロッパや西アジアを結んだ交通路です。

🎵奈良時代の文学作品

　このころ，神話や伝説をもとにした『古事記』や『日本書紀』などの歴史書がまとめられました。また，天皇が諸国に命じて，地名の由来や産物，伝承などをまとめた『風土記』という地理書もつくられました。日本で最も古い歌集の『万葉集』がつくられたのもこのころです。

つけたし 『万葉集』では，漢字の音や訓で日本語を表した「万葉がな」が使用されました。

- ●聖武天皇の政治→国ごとに**国分寺・国分尼寺**。**東大寺**と**大仏**。
- ●天平文化→東大寺にある**校倉造**の**正倉院**や，**鑑真**が建てた**唐招提寺**。

チェック 1　次の各問いに答えましょう。

(1) 710年，現在の奈良県につくられた都を何といいますか。　　　（　　　　　　）

(2) 唐招提寺を建てた唐の高僧はだれですか。　　　　　　　　　（　　　　　　）

---

② 平安京と藤原氏の政治

授業動画は
こちらから 〔51〕

🎵平安京と貴族の暮らし

　794年，桓武天皇は京都に都を移して平安京とし，律令政治を立て直そうとしました。 平安京に都が移されてから，鎌倉幕府が成立するまでの約400年間を**平安時代**といいます。

　桓武天皇は**坂上田村麻呂**を**征夷大将軍**に任命して東北地方へ向かわせ，朝廷に逆らっていた蝦夷を平定し，支配を広げました。

　桓武天皇のあと，貴族が朝廷の政治を行うようになりました。有力な貴族は地方の豪族から土地を寄進されるなどして，私有地（**荘園**）を増やしました。中には荘園の税を納めなくてもよい権利などを手に入れた貴族もいました。こうして有力な貴族は多くの収入を手に入れ，はなやかな暮らしを送りました。

🎵新しい仏教と遣唐使の停止

　最澄と**空海**は唐で仏教を学び，日本に帰って新しい仏教を広めました。

☆**天台宗**…**最澄**が広めました。比叡山に**延暦寺**（滋賀県）を建てました。

☆**真言宗**…**空海**が広めました。高野山に**金剛峯寺**（和歌山県）を建てました。

　また，894年には**菅原道真の提案により遣唐使が停止されました**。停止された理由には，唐がおとろえたことや財政難などがあります。

藤原氏の政治

平安時代中期になると，**藤原氏**がほかの有力な貴族を追放し，勢力をのばしました。藤原氏は中臣（藤原）鎌足の子孫です。藤原氏は自分の娘を天皇のきさきにして，生まれた子どもを天皇とすることで母方の祖父となり，さらに強い権力を手に入れました。そして，**天皇が幼いときは摂政として，成人してからは関白として，政治の実権をにぎりました。** これを**摂関政治**といいます。摂関政治は，11世紀，**藤原道長・頼通**父子のときに全盛期となりました。

もっとくわしく 関白は天皇が成人したのち，天皇を助けて政治を行う役職です。

日本風の文化

遣唐使が停止され，中国文化の影響がうすれ，日本の風土や暮らしに合った日本風の文化が摂関政治の全盛期に栄えました。これを**国風文化**といいます。

▲寝殿造（模型）　　　　（国立歴史民俗博物館）

この時代，貴族は**寝殿造**の屋しきに住んでいました。屋しきの屏風や絵巻物には美しい色さいの**大和絵**がえがかれました。また，**かな文字**（ひらがなとかたかな）が主に女性の間に広まり，**紫式部**の『**源氏物語**』や**清少納言**の『**枕草子**』などのすぐれた文学作品が生まれました。

▲平等院鳳凰堂　　　　（平等院）

念仏を唱えて阿弥陀仏にすがれば，死後に極楽浄土に生まれ変われるとする**浄土信仰（浄土教）** も人々の間に広まりました。浄土信仰の代表的な建物には，藤原頼通がつくった**平等院鳳凰堂**（京都府宇治市）があります。ほかにも，**中尊寺金色堂**（岩手県平泉町）が有名です。

●794年，都を**平安京**へ。**藤原道長・頼通**父子のときに摂関政治が全盛期。

●**国風文化**→**寝殿造**。**紫式部**の『**源氏物語**』，**清少納言**の『**枕草子**』。

チェック 2　次の各問いに答えましょう。

(1) 794年，現在の京都府につくられた都を何といいますか。　　　　（　　　　　）
(2) 894年，菅原道真は何の停止を提案しましたか。　　　　　　　　（　　　　　）

17のカだめし

 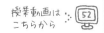

➡ 解説は別冊p.9へ

1 次の文章の（　　）にあてはまる言葉を書きましょう。
　（　①　）天皇は，仏教の力で世の中の不安をなくそうと考えました。まず，国ごとに（　②　）・国分尼寺をつくりました。そして，都には全国の（　②　）の中心となる（　③　）を建てました。また，僧の（　④　）の協力を得て，（　③　）の本尊となる大仏をつくりました。

① (　　　　　　　　　　) ② (　　　　　　　　　　)
③ (　　　　　　　　　　) ④ (　　　　　　　　　　)

2 天平文化を代表する建物で，東大寺にある天皇の遺品などを収めた校倉造の建物は何ですか。

(　　　　　　　　　　)

3 次のア〜エのうち，奈良時代につくられた歴史書はどれですか。すべて選んで，記号を書きましょう。
ア.『日本書紀』　　イ.『風土記』　　ウ.『古事記』　　エ.『万葉集』

(　　　　　　　　　　)

4 藤原道長・頼通父子のときに全盛期となった，天皇が幼いときは摂政として，成人してからは関白として，政治の実権をにぎることを何といいますか。

(　　　　　　　　　　)

5 次の文章の（　　）にあてはまる言葉を書きましょう。
　平安時代には国風文化が栄えました。貴族は（　①　）の屋しきに住み，屋しきの屏風や絵巻物には美しい色さいの（　②　）がえがかれました。また，かな文字が主に女性の間に広まり，（　③　）の『源氏物語』や（　④　）の『枕草子』などのすぐれた文学作品が生まれました。

① (　　　　　　　　　　) ② (　　　　　　　　　　)
③ (　　　　　　　　　　) ④ (　　　　　　　　　　)

6 念仏を唱えて阿弥陀仏にすがれば，死後に極楽浄土に生まれ変われるとする教えを何といいますか。

(　　　　　　　　　　)

レッスン18 ご恩と奉公ってどんな関係?

[6年／武士の世の中]

このレッスンのはじめに♪

　10世紀ごろから，武士がどんどん力をつけて，政治を動かす力をもつようになります。平清盛らの平氏，源頼朝らの源氏はどのように争ったのか，くわしく見ていきましょう。また，争いに勝った源頼朝は鎌倉幕府を開きます。鎌倉幕府はどのようなしくみで，どんな政治を行ったのか，しっかりおさえましょう。そして，鎌倉時代の人々の生活はどんな様子で，外国との関係はどうだったのかについても勉強していきましょう。

1 武士の成長と源平の戦い

武士の成長

　10世紀ごろ，朝廷は地方政治に力を入れなかったので，地方は乱れていました。地方の豪族や有力な農民は，自分の土地を守り勢力を拡大するために一族の者（家の子）や家来（郎党）に武芸を習わせました。これが**武士**のおこりです。

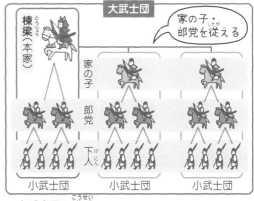

▲大武士団の構成

武士は土着の貴族などと結び付いて，武士団となっていきました。源氏と**平氏**は天皇の子孫で大武士団の棟梁です。

つけたし 棟梁（かしら）は武士団を率いた人です。

武士による反乱

　935年，関東地方で**平将門の乱**が起き，939年，瀬戸内地方で**藤原純友の乱**が起きました。平氏や源氏などの武士はこれらの反乱をしずめ，朝廷は武士の力を認めるようになりました。

ここをチェック

奥州藤原氏

　11世紀に東北地方で起こった後三年合戦のあと，強い勢力をもった豪族です。本拠地は平泉（岩手県）でした。奥州藤原氏が建てた中尊寺金色堂は世界遺産に登録されています。

平氏の台頭

　1156年，崇徳上皇と後白河天皇が対立し，**保元の乱**が起こりました。この戦いは武士を巻きこみ，**平清盛**と**源 義朝**が味方した天皇方が勝ちました。1159年には，平清盛と源義朝が対立し，**平治の乱**が起こりました。平清盛はこの戦いに勝ち，平氏が朝廷での政治の実権をにぎるようになります。

　1167年，平清盛は武士として初めて朝廷の最高職である**太政大臣**となります。そして，**自分の娘を天皇のきさきにして，生まれた子どもを天皇とする藤原氏と同じような貴族的な政治を行いました。**さらに清盛は兵庫の港（大輪田泊）を整備して，**宋**（中国）との貿易に力を入れました。広島県の**厳島神社**は平氏の守り神とされ，のちに航海の安全を守る神として人々からの信仰をあつめました。

▲厳島神社　　　　　　　　　　（GIN）

つけたし 日宋貿易では金や硫黄などを輸出，宋銭（銅銭）や陶磁器などを輸入しました。

\clubsuit源平の戦い

朝廷の政治を思うがままにする平氏に対して，源氏や諸国の武士，貴族は強い反感をもちました。1180年，源義朝の子の**源頼朝**が平氏をたおそうと伊豆で兵を挙げ，東日本の武士団も協力しました。源氏は平氏と激しく戦い，頼朝の弟の源義経の活やくなどもあって，1185年，壇ノ浦の戦いで平氏をほろぼしました。

▲源平の戦い

●武士団の形成→平治の乱に勝った**平清盛**が武士初の**太政大臣**に。

●**源頼朝・源義経**らの源氏が**壇ノ浦の戦い**で平氏をほろぼす。

チェック 1 次の各問いに答えましょう。

(1) 武士として初めて太政大臣になったのはだれですか。 （　　　　　）

(2) 1185年，源氏が平氏をほろぼした戦いを何といいますか。 （　　　　　）

---

② 鎌倉幕府の政治と元寇

授業動画はこちらから

\clubsuit鎌倉時代のはじまり

1185年，源頼朝は朝廷から許しを得て，全国に**守護**と**地頭**を置いて支配を広げました。守護と地頭には有力な御家人を任命しました。1192年，頼朝は朝廷から**征夷大将軍**に任命されます。征夷大将軍はこれ以後，武士の総大将を指すようになりました。**源頼朝は鎌倉に幕府を開き，武家政治をはじめました。**鎌倉に幕府が置かれた時代を**鎌倉時代**といいます。

もっとくわしく 鎌倉は周りを山と海に囲まれ，攻めにくく守りやすい地形でした。

\clubsuit鎌倉幕府のしくみ

鎌倉幕府では，中央に侍所や政所，問注所などの役所が置かれました。**将軍と御家人はご恩と奉公の関係で結ばれていました。**

★**ご恩**…将軍が御家人の領地を保護，手がらをたてれば新しい領地をあたえます。

★**奉公**…御家人は将軍に忠誠をつくし，幕府に何かあったときは「いざ鎌倉」とすぐにかけつけます。

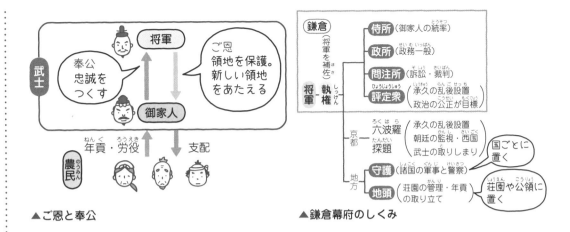

▲ご恩と奉公　　　　　　　　　　　▲鎌倉幕府のしくみ

北条氏の執権政治

　源頼朝が亡くなったあと，源氏の将軍は3代で絶えてしまいました。すると，源頼朝の妻である**北条政子**の実家の**北条氏**が，代々**執権**となって鎌倉幕府の政治の実権をにぎりました。**執権とは，鎌倉幕府において将軍を補佐して政治を行う役職です。**

つけたし 北条氏が代々執権となって行った政治を執権政治といいます。

承久の乱と御成敗式目

　1221年，**後鳥羽上皇**は朝廷の権力を回復させるため，幕府をたおそうと**承久の乱**を起こします。北条政子が御家人たちと力を結集した結果，幕府側が勝利し，これ以後朝廷の監視などをする**六波羅探題**という機関が京都に置かれました。

　また，**1232年，3代執権北条泰時は御家人に対して裁判の基準を示すために，御成敗式目（貞永式目）を制定しました。**御成敗式目は日本**最初の武家法**です。

御成敗式目（一部要約）
一，諸国の守護の仕事は，京都の御所や鎌倉を警備するよう御家人に命じたり，謀反や殺人などの犯罪人の取りしまりに限る。
一，けんかのもとになる悪口を言ってはならない。

鎌倉時代の暮らし

　武士はかざりけがなく実用的な館に住み，ふだんは農業をしながら武芸にはげんでいました。館の周りは堀や土塁をめぐらせ，家来に守らせました。

　農業では鉄製農具のほか，牛や馬を使った耕作（**牛馬耕**）が広まり，開墾が進みました。1年に同じ耕地で2種類の作物（米と麦）をつくる**二毛作**も行われるようになりました。しかし，農民は地頭と荘園領主による二重の支配に苦しみました。いっぽう，交通の便利なところや寺社の門前などでは決まった日に**定期市（市）**が開かれるようになり，売り買いには宋銭が使われました。

鎌倉時代の文化と新しい仏教

　鎌倉時代には，武士の時代を反映した素朴で力強い文化が栄えました。代表的な建物には**東大寺南大門**があります。東大寺南大門には運慶・快慶らがつくった**金剛力士像**がおさめられました。また，多くの文学作品も生まれました。軍記物の『**平家物語**』は平氏一門の繁栄とおとろえなどをえがき，**琵琶法師**によって語り伝えられました。ほかにも鴨長明の随筆『**方丈記**』や兼好法師（吉田兼好）の随筆『**徒然草**』，藤原定家らがまとめた『**新古今和歌集**』などがあります。

　さらに，下表のような，新しい仏教も人々の間に広まりました。

宗派	浄土宗	浄土真宗 （一向宗）	時宗	日蓮宗 （法華宗）	臨済宗	曹洞宗
開いた人	法然	親鸞	一遍	日蓮	栄西 （ようさい）	道元

元寇とその後

　13世紀，ユーラシア大陸に**モンゴル帝国**が建国されました。5代皇帝の**フビライ＝ハン**は中国の北部を治め，国号を**元**としました。元は朝鮮半島の高麗を従えてから，日本にも元に従うことを求めましたが，8代執権の**北条時宗**はこれを拒否しました。すると，元は1274

▲元軍がとった進路

年の文永の役，1281年の弘安の役の2度にわたって日本に襲来しました。これを**元寇**といいます。元軍は暴風雨などの影響もあって，2度とも引き上げました。

　元寇で御家人は多くの出費をして戦いましたが，幕府は十分に恩賞を出すことができませんでした。1297年，財政的に苦しむ御家人を見かねて，幕府は**徳政令（永仁の徳政令）**を出し，借金を帳消しにしましたが，経済は混乱しました。

つけたし 肥後国（熊本県）の御家人の竹崎季長は，恩賞をもらうために元寇での自分の活やくを伝える絵巻物をつくらせました。

- **源頼朝**→全国に**守護**と**地頭**を置く。**征夷大将軍**になり，鎌倉幕府を開く。
- **ご恩**と**奉公**の関係。北条氏が**執権政治**を行う。**御成敗式目**の制定。
- 8代執権**北条時宗**のとき，**元寇**（文永の役，弘安の役）。

チェック 2　次の各問いに答えましょう。

(1) 将軍と御家人はご恩と何の関係で結ばれていましたか。　　　　　　　　（　　　　　　　）

(2) 元寇のときの鎌倉幕府の執権はだれですか。　　　　　　　　　　　　　（　　　　　　　）

18の 力だめし

授業動画はこちらから 55

解説は別冊p.9へ

1 次の年表を見て，あとの各問いに答えましょう。

55

年代	出来事
1167	（　①　）が太政大臣となる
1185	壇ノ浦の戦いで平氏がほろびる ……………………… A
1192	（　②　）が征夷大将軍となる
1221	後鳥羽上皇が幕府をたおそうと兵を挙げる ………… B
1232	日本最初の武家法の（　③　）が定められる
1274，1281	２度にわたり（　④　）の軍勢が日本に攻めてくる

(1) 年表中の（　　）にあてはまる言葉を書きましょう。

①（　　　　　　　　　　） ②（　　　　　　　　　　）

③（　　　　　　　　　　） ④（　　　　　　　　　　）

(2) 年表中のAの戦いなどで活やくした②の弟はだれですか。

（　　　　　　　　　　　）

(3) 年表中のBの戦いを何といいますか。

（　　　　　　　　　　　）

2 右の図は鎌倉幕府のしくみを表したものです。図中のⒶ〜Ⓓにあてはまる役職・機関名を書きましょう。

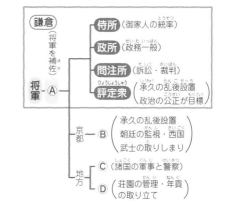

Ⓐ（　　　　　　　　　）

Ⓑ（　　　　　　　　　）

Ⓒ（　　　　　　　　　）

Ⓓ（　　　　　　　　　）

3 平氏一門の繁栄とおとろえなどをえがいた軍記物は何ですか。

（　　　　　　　　　　　）

 レッスン 19 貴族と武士の文化が溶け合う！

[6年／今も伝わる室町文化]

このレッスンのはじめに♪

　室町文化の中には，能や狂言，茶の湯や生け花など現在にも伝わるものが多くあります。この時代に生み出された書院造という建築様式は，現在の和風建築のもとになりました。ここでは室町文化をくわしく見ていきましょう。

　そして，室町幕府の力がおとろえると，各地で戦国大名が成長し，激しく争う戦国時代となります。なぜ，戦国時代をむかえることになったのか，戦国の世はどんな様子だったのか，しっかりおさえましょう。

授業動画は
こちらから　56

1 室町幕府の政治

鎌倉幕府の終わり

　元寇のあと，鎌倉幕府に不満をもつ御家人が増えました。**1333年，後醍醐天皇は楠木正成や足利尊氏らを味方につけて，鎌倉幕府をほろぼします。**そして，京都で公家（貴族）中心の政治をはじめました。これを**建武の新政**といいます。しかし，武士は恩賞が少なかったため，しだいに後醍醐天皇への不満が高まりました。

南北朝の争乱

　足利尊氏は後醍醐天皇をたおして，武家政治を取りもどそうと兵を挙げます。そして，京都から後醍醐天皇を追い出し，新たな天皇を立てます（**北朝**）。このとき，後醍醐天皇は**奈良県の吉野**にのがれました（**南朝**）。北朝と南朝はこのあと約60年間，対立します。これを**南北朝の争乱**といいます。

室町時代のはじまり

　1338年，足利尊氏は征夷大将軍に任命され，京都に室町幕府を開きました。以来，1573年に室町幕府がほろびるまでの約240年間を**室町時代**といいます。足利尊氏は守護に強い力をもたせたため，守護は各地で荘園や公領を自分の領地として支配し，地頭や地侍を従えるようになり，ついには一国を領地とする**守護大名**となる者も現れます。

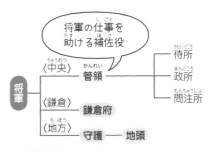

▲室町幕府のしくみ

　3代将軍の**足利義満**は，有力な守護大名を次々にたおして，室町幕府の全盛期をきずきました。義満のもと，**1392年，南北朝が1つになります。**

つけたし「室町時代」という名称は，足利義満が京都の室町の御所で政治を行ったことに由来します。

中国とのつながり

　中国では元がほろび，**明**がおこりました。明は大陸沿岸で海賊的な行為をする**倭寇**になやまされていたため，日本に倭寇の取りしまりと国交を求めました。これに応じて足利義満は1404年，明と貿易をはじめます。これを**日明貿易**といいます。日明貿易では，**正式な貿易船を倭寇と区別するために勘合**という合い札を使ったので，**勘合貿易**ともいいます。

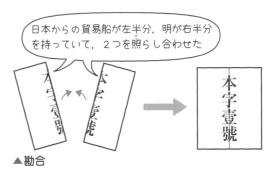

▲勘合

朝鮮半島や沖縄，蝦夷地の様子

　朝鮮半島では，1392年に李成桂が高麗をたおして**朝鮮国**を建てました。朝鮮国は日本と貿易を行いました。また，沖縄では15世紀の初めに尚巴志が3つに分かれていた国を統一し，**琉球王国**を建てました。琉球王国は，日本や中国，東南アジアなどと交流し，**中継貿易**を行って繁栄しました。蝦夷地（北海道）には**アイヌ**の人々が住んでいて，津軽（青森県）の豪族などと交易を行っていましたが，のちに本州の人々との間で争いが起こるようになります。

もっとくわしく 中継貿易とはある国から品物を輸入して，その品物を別の国へ輸出することで利益をあげる貿易です。

ポイント
- **後醍醐天皇**が鎌倉幕府をほろぼし，**建武の新政**をはじめる。
- 1338年，**足利尊氏**が室町幕府を開く→1392年，**足利義満**が南北朝を統一。
- **日明貿易（勘合貿易）**→倭寇と区別するために勘合を使った。

チェック1 次の各問いに答えましょう。
(1) 後醍醐天皇が行った公家中心の政治を何といいますか。　　　　（　　　　　）
(2) 15世紀の初めに尚巴志が統一した国は何ですか。　　　　　　（　　　　　）

② 室町時代の暮らしと室町文化

授業動画はこちらから

商工業の発達

　室町時代には**定期市が月6回開かれるようになりました。** **土倉**や**酒屋**といった高利貸し（金融業者）が生まれ，商人や手工業者は**座**という同業者組合をつくって，営業を独占しました。馬を使って陸上運送を行う**馬借**，運送業と倉庫業をかねて海上（水上）運送を行う**問（問丸）**が活動しました。問はのちに卸売りの専門業者（問屋）となります。

　また，手工業も発達し，大工やかじ屋などの専門の職人が増え，絹織物や和紙などの特産物もつくられるようになりました。

つけたし 経済的に豊かな町の商工業者は町衆と呼ばれました。

ここをチェック

土倉と酒屋
　土倉とは質屋のことです。酒屋とはお酒をつくる会社ですが，土倉の仕事をかねる場合も多くありました。

120

🫘農民の暮らしと団結

室町時代には米と麦の**二毛作**や**牛馬耕**が広まりました。ほかにも，かんがい用の水車や**草木灰**・たい肥などの肥料が使われ，収かく量が増えました。

農民は団結するようになり，有力な農民を中心に**惣（惣村）**という自治組織をつくりました。そして，神社や寺で**寄合**を開き，村のおきてや用水の使い方などを決めていました。**団結した農民は守護大名などに年貢の引き下げなどを求めて土一揆を起こすようになりました。**

✿**正長の土一揆**…近江国（滋賀県）の馬借たちが，室町幕府に**借金の帳消し（徳政）**を求めました。

✿**山城国一揆**…山城国（京都府）で**国人（地侍）**と農民が手を結び，守護大名を追い出して，自治を行いました。

✿**加賀の一向一揆**…加賀国（石川県）で**浄土真宗（一向宗）**の信者が守護大名をほろぼし，自治を行いました。

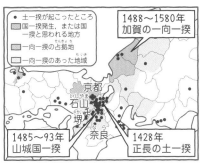

- 土一揆が起こったところ
- ▨ 国一揆発生，または国一揆と思われる地方
- 一向一揆の占拠地
- 一向一揆のあった地域

1488～1580年 加賀の一向一揆

1485～93年 山城国一揆

1428年 正長の土一揆

京都　石山　堺　奈良

▲土一揆が起こったところ

🫘室町文化

3代将軍**足利義満**は京都の北山に**金閣**を建てました。この時期には**公家と武家の文化が合わさった北山文化が栄えました。**

8代将軍の**足利義政**は京都の東山に**銀閣**を建てました。この時期には**簡素で気品のある東山文化が栄えました。**銀閣と同じしき地にある東求堂同仁斎に見られる**書院造**という建築様式は，現在の和風建築のもとになったものです。

▲金閣　　　▲銀閣

絵画では**雪舟**が日本独自の**すみ絵（水墨画）**を，芸能では足利義満の保護を受けた**観阿弥・世阿弥**父子が**能（能楽）**を大成しました。能の合間には狂言が演じられました。文学ではおとぎ話に絵をそえた**御伽草子**が読まれるようになりました。また，現代に続く**茶の湯**や**生け花（立花）**が流行したのもこのころです。

つけたし 下野国（栃木県）の足利学校には，儒学を学ぶ人たちが全国から集まりました。

ポイント

●**馬借**や**問（問丸）**が活動。農民は団結して**土一揆**を起こした。

●**足利義満**が北山に**金閣**，**足利義政**が東山に**銀閣**を建てる。水墨画が大成。

チェック 2　次の各問いに答えましょう。

(1) 商人や手工業者がつくった同業者組合を何といいますか。　　　（　　　　　）
(2) 観阿弥・世阿弥父子が大成したものは何ですか。　　　　　　　（　　　　　）

③ 戦国時代のはじまり

授業動画は
こちらから 〔58〕

♣応仁の乱と室町幕府のおとろえ

8代将軍足利義政は政治に興味がありませんでした。そのため，あとつぎ争い
が起こり，守護大名どうしの対立もからんで，1467年に**応仁の乱**が起こりました。
応仁の乱は京都を中心に10年余り続き，戦いは全国に広がりました。これ以降，
室町幕府の力はおとろえ，約100年間続く**戦国時代**がはじまります。

♣戦国大名の台頭と都市の発達

戦国時代には，下の身分の者が実力で上の身分
の者に打ち勝つ下剋上の風潮が広がり，各地で戦
国大名が台頭します。彼らは家臣などの立場から
守護大名をたおして領国の実権をにぎったり，

分国法（家法）の一例
一，けんかをしたときは，理由にかかわら 　　ず両方罰すること。 　　　　　　　　　（塵芥集－伊達氏）
一，許しを得ないで他国に手紙を出しては 　　ならない。（甲州法度之次第－武田氏）

守護大名からさらに勢力をのばしたりして戦国大名となりました。戦国大名は自
国の支配を固めるため，**分国法（家法）**という独自の決まりを定めました。

戦国大名は城を中心として周辺に家臣や商工業者などを集め，**城下町**をつくり
ました。また，寺社の門前や周辺などには**門前町**，貿易で栄えたところには**港町**，
交通の重要なところには**宿場町**が発達しました。経済的に豊かな人が多かった博
多（福岡県）や堺（大阪府）などは，**自治都市**として成長しました。

ポイント

●**1467年**，応仁の乱→以後，室町幕府の力がおとろえ，**戦国時代**となる。
●下剋上の風潮が広がり，**戦国大名**が台頭。**分国法（家法）**を制定。

チェック 3　次の各問いに答えましょう。

(1) 1467年から京都を中心に続いた戦いを何といいますか。　　　（　　　　　）
(2) 戦国大名が定めた独自の決まりを何といいますか。　　　　　（　　　　　）

レッス 19の力だめし

授業動画は
こちらから

解説は別冊p.10へ

1 次の年表を見て，あとの各問いに答えましょう。

年代	出来事
1333	（ ① ）幕府がほろびる
1338	（ ② ）が征夷大将軍になる
1392	足利義満が南北朝を統一する ……………… A
1404	足利義満が（ ③ ）貿易をはじめる
1467	足利義政のあとつぎをめぐり（ ④ ）の乱が起こる … B

(1) 年表中の（　）にあてはまる言葉を書きましょう。

①（　　　　　　　　） ②（　　　　　　　　）
③（　　　　　　　　） ④（　　　　　　　　）

(2) 年表中Aの下線部の足利義満が京都の北山に建てた，北山文化を代表する建物は何ですか。

（　　　　　　　　）

(3) 年表中Bの下線部の足利義政が京都の東山に建てた，東山文化を代表する建物は何ですか。

（　　　　　　　　）

2 室町時代に月6回，寺社の門前などで開かれたのは何ですか。

（　　　　　　　　）

3 次のア〜ウのうち，1485年に国人と農民が手を結び，守護大名を追い出して，自治を行った一揆はどれですか。記号を書きましょう。
ア．正長の土一揆　　イ．山城国一揆　　ウ．加賀の一向一揆

（　　　　　　　　）

4 戦国時代に広がった，下の身分の者が実力で上の身分の者に打ち勝つ風潮を何といいますか。

（　　　　　　　　）

戦国の世を制するのは？

[6年／全国統一への動き]

このレッスンのはじめに♪

　戦国時代をむかえた日本で，全国統一への動きが起こります。この全国統一で大きな力を発揮したのが織田信長，豊臣秀吉，徳川家康の3人の武将でした。ここでは，3人の武将がどのように戦い，どのような政治を行ったのか，くわしく見ていきましょう。また，このころヨーロッパの国々との交流がはじまります。ヨーロッパからもたらされた文化は日本にどのような影響をあたえたのかについても，しっかりおさえましょう。

① 織田信長の統一事業

鉄砲とキリスト教の伝来

1543年，ポルトガル人を乗せた中国船が鹿児島県の種子島に流れ着きました。このとき，日本に鉄砲が伝わりました。戦国大名は鉄砲を戦いに取り入れ，勝敗がすぐに決まるようになりました。その結果，全国統一が急速に進みました。

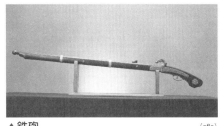

▲鉄砲 　　　　　　　　　　(aflo)

1549年，イエズス会のスペイン人宣教師フランシスコ＝ザビエルが鹿児島にキリスト教を伝えました。大名は貿易の利益に期待してキリスト教を保護し，中にはキリスト教の信者となる大名も現れました。彼らをキリシタン大名といいます。

南蛮貿易

16世紀後半には，ポルトガル人やスペイン人との貿易がさかんに行われました。ポルトガル人やスペイン人のことを南蛮人と呼んだため，この貿易を南蛮貿易といいます。南蛮貿易では絹織物や鉄砲などが輸入され，銀や刀剣などが輸出されました。また，天文学や医学などの南蛮文化も日本に伝えられました。

織田信長の動き

織田信長は尾張（愛知県）の戦国大名でした。信長は1560年に桶狭間の戦いで今川義元をたおし，勢力をのばします。そして京都にのぼり，足利義昭を室町幕府の15代将軍につけますが，1573年には義昭を京都から追放して，室町幕府をほろぼしました。

1575年，長篠の戦いで，信長は徳川家康と連合して武田氏をたおしました。このとき，信長は足軽鉄砲隊を組織し，大量の鉄砲を使用しました。1576年には，全国統一の本拠地として，現在の滋賀県の琵琶湖のほとりに安土城を築きました。

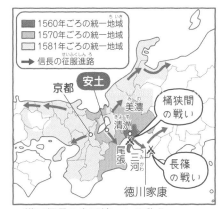

▲織田信長の全国統一への動き

仏教勢力との戦い

織田信長は反抗する仏教勢力をおさえつけようとしました。1571年には比叡山延暦寺（滋賀県）を焼き討ちにし，一向一揆の中心となっていた浄土真宗（一向宗）の寺院の石山本願寺（大阪府）も降伏させました。

🔹織田信長の政治

織田信長は安土城下で座の特権や市の税をなくして，商人や職人に自由な営業を認めました。これを**楽市・楽座**といいます。また，関所もなくしました。信長は仏教勢力をおさえるいっぽうで，**キリスト教は保護**しました。全国統一への歩みを進めていた信長でしたが，1582年，京都の本能寺で家臣の**明智光秀**の裏切りにあい，自害しました。これを**本能寺の変**といいます。

 もっとくわしく このころ，南蛮寺（キリスト教の教会）が京都などに建てられました。

ポイント

- 1543年，**鉄砲**伝来。1549年，**ザビエル**が**キリスト教**を伝える。
- 織田信長は室町幕府をほろぼし，**長篠の戦い**で武田氏に勝利。

楽市・楽座を行い，キリスト教を保護。**本能寺の変**で自害。

▲織田信長

チェック1 次の各問いに答えましょう。

(1) 1543年，鹿児島県の種子島に伝わったものは何ですか。 （　　　　　）

(2) 1573年に室町幕府をほろぼしたのはだれですか。 （　　　　　）

---

② 豊臣秀吉の全国統一と桃山文化

授業動画はこちらから

🔹豊臣秀吉の全国統一

豊臣秀吉は織田信長の家臣でした。秀吉は明智光秀をたおし，全国統一の本拠地として**大阪城**を築きました。そして朝廷から**関白**や**太政大臣**に任命されて，1590年には小田原（神奈川県）の北条氏をほろぼして，**全国を統一**しました。

▲豊臣秀吉

🔹豊臣秀吉の政治

豊臣秀吉は1582年から**検地（太閤検地）**を行いました。ものさしなどの単位を統一し，全国の田畑の面積をはかって，収かく量や耕作者などを検地帳に記録したのです。収かく量は**石高**で表しました。農民には土地を耕作する権利を認め，年貢を納める義務を課すことで，年貢を確実に集められるようにしました。

また，**秀吉は刀狩令を出し，農民から刀や鉄砲などの武器を取り上げることで，農民の一揆を防ぎ，農業に打ちこませようとしました**。検地と刀狩令により，農

民と武士の身分がはっきり区別され，**兵農分離**が進みました。

　秀吉は最初キリスト教を保護しましたが，その後宣教師の国外追放を命じ，キリスト教の布教を禁止しました。

秀吉の朝鮮侵略

　秀吉は明（中国）を征服しようと考え，朝鮮に対し，日本に従うことや日本への協力を求めました。しかし，朝鮮がこれを拒否したため，**秀吉は朝鮮に2度，兵を送りました。** 1592年の**文禄の役**と1597年の**慶長の役**です。この侵略は失敗し，秀吉の病死をきっかけに兵を引き上げました。

▲朝鮮侵略での日本軍の進路

もっとくわしく 朝鮮侵略のときに日本に連れてこられた朝鮮の人によって，各地ですぐれた陶磁器がつくられるようになりました。佐賀県の有田焼などが有名です。

桃山文化

　織田信長が室町幕府をほろぼした1573年から，徳川家康が江戸幕府を開くまでの約30年間を**安土桃山時代**といいます。安土桃山時代には，**大名や大商人の気風を反映した，豪華で力強く壮大な桃山文化**が栄えました。桃山文化は南蛮文化の影響も受けました。雄大な**天守閣**をもつ**姫路城**や**大阪城**などの城がつくられ，城のふすまや屏風などには華やかな障壁画がえがかれました。狩野永徳の「**唐獅子図屏風**」などが有名です。

　秀吉に仕えた**千利休**は，茶の湯を**茶道（わび茶）**として大成しました。また，出雲の阿国による**阿国歌舞伎**や，三味線の伴奏による小唄なども流行しました。

ポイント

●**豊臣秀吉**が全国統一。**検地（太閤検地）**や**刀狩**で兵農分離。**朝鮮侵略**は失敗。

●豪華で力強く壮大な**桃山文化**→**姫路城**など。**千利休**が**茶道（わび茶）**を大成。

チェック 2　次の各問いに答えましょう。

(1) 1590年に全国を統一したのはだれですか。　　　　　　　（　　　　　　　）

(2) 茶道（わび茶）を大成したのはだれですか。　　　　　　（　　　　　　　）

③ 徳川家康と江戸幕府

授業動画は
こちらから　62

江戸時代のはじまり

　豊臣秀吉が亡くなったあと，江戸城（東京都）を本拠地とし
ていた**徳川家康**を中心とする東軍と，豊臣氏を盛り立てようと
する**石田三成**ら西軍との間で，**関ヶ原の戦い**が起こりました。
（岐阜県）
1600年のことです。**これに勝利した家康は政治の実権をにぎり，
1603年に征夷大将軍となって，江戸幕府を開きました。**これ以後，約260年間
を**江戸時代**といいます。

　家康は，1614年の大阪冬の陣，1615年の大阪夏の陣で豊臣氏をほろぼし，
全国支配を確立しました。

▲徳川家康

江戸幕府のしくみ

　江戸時代には，**絶対的な力をもつ将軍と大
名が主従関係を結び，土地と民衆を支配しま
した。全国の土地は幕府領と大名領に分けら
れました。**この政治のしくみを**幕藩体制**とい
います。**大名**とは，将軍と主従関係を結び，
1万石以上の領地をあたえられた武士のこと
です。大名の領地とそれを支配するしくみを
藩といいます。将軍直属の家臣には，領地が
1万石に満たない**旗本**や**御家人**がいました。

　将軍のもとに置かれた老中は政務を行い，
若年寄はそれを助けました。

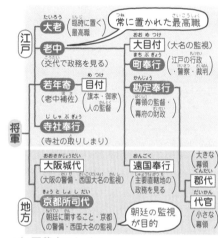
▲江戸幕府のしくみ

> **つけたし** 旗本は将軍に会うことができましたが，御家人はできませんでした。

ポイント
- ●**徳川家康**は1600年の**関ヶ原の戦い**で勝利→1603年，**江戸幕府**を開く。
- ●**幕藩体制**→将軍と大名が主従関係を結び，土地と民衆を支配した。

チェック３ 次の各問いに答えましょう。

(1) 1603年，江戸幕府を開いたのはだれですか。　　　（　　　　　　）

(2) 江戸幕府の中で常に置かれた最高職は何ですか。　（　　　　　　）

レッスン20の 力だめし

➡ 解説は別冊p.10へ

1 次の年表を見て，あとの各問いに答えましょう。

年代	出来事
1549	フランシスコ゠ザビエルが鹿児島（かごしま）にやってくる………… A
1573	織田信長（おだのぶなが）が（ ① ）幕府をほろぼす
1575	織田・徳川連合軍（れんごうぐん）が武田（たけだ）氏をたおす ………………… B
1582	豊臣秀吉が年貢（ねんぐ）を確実（かくじつ）に集（あつ）めるため（ ② ）をはじめる
1600	東軍と西軍との間で（ ③ ）の戦いが起こる
1603	徳川家康が（ ④ ）幕府を開く

(1) 年表中の（ ）にあてはまる言葉を書きましょう。

①（　　　　　　　　） ②（　　　　　　　　）
③（　　　　　　　　） ④（　　　　　　　　）

(2) 年表中のAについて，フランシスコ゠ザビエルが伝（つた）えた宗教（しゅうきょう）は何ですか。
（　　　　　　　　）

(3) 年表中のBについて，この戦いを何といいますか。
（　　　　　　　　）

(4) 年表中のBについて，この戦いで信長が大量（たいりょう）に使用（しよう）した武器（ぶき）は何ですか。
（　　　　　　　　）

2 16世紀後半（せいきこうはん）にさかんに行われた，ポルトガル人やスペイン人との貿易（ぼうえき）を何貿易といいますか。

（　　　　　　　　）

3 織田信長が安土城下（あづちじょうか）で行った，座（ざ）の特権（とっけん）や市（いち）の税（ぜい）をなくして，商人（しょうにん）や職（しょく）人（にん）に自由（じゆう）な営業（えいぎょう）を認（みと）めた政策（せいさく）を何といいますか。

（　　　　　　　　）

4 豊臣秀吉は1592年と1597年の２度にわたって，どこに兵（へい）を送（おく）りましたか。

（　　　　　　　　）

参勤交代は重い負担？

[6年／江戸幕府の政治]

このレッスンのはじめに♪

　江戸幕府は大名をうまく配置し，参勤交代などの制度をつくって支配を固めていきます。また，キリスト教を禁止し，一部の国とだけ貿易を許しました。これにはどのような考えがあったのか，くわしく見ていきましょう。

　また，江戸時代には武士や百姓などの身分制度が確立します。その中で農業や商業などの産業と交通は大きく発展し，人々の暮らしも変わっていきました。これらのことについてもしっかりおさえておきましょう。

1 江戸幕府の支配

64

👥大名の配置

江戸幕府は大名を**親藩**，**譜代大名**，**外様大名**に分けました。

そして，**親藩・譜代大名を重要なところに，外様大名を江戸から遠いところに多く配置しました。**

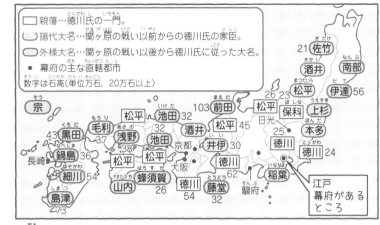

□ 親藩…徳川氏の一門。
〇 譜代大名…関ヶ原の戦い以前からの徳川氏の家臣。
〇 外様大名…関ヶ原の戦い以後から徳川氏に従った大名。
● 幕府の主な直轄都市
数字は石高（単位万石，20万石以上）

宗
松平
池田 103
前田
松平
保科
上杉
21 佐竹
酒井
南部
松平
伊達 56
毛利 3.7
浅野
池田 32
酒井
松平 45
日光
本多
黒田 43
鍋島 36
細川 54
松平 38
京都
井伊 30
徳川
25
徳川 24
稲葉
徳川
長崎
蜂須賀 26
山内
大阪
徳川 54
藤堂 32
駿府
62
島津 73

江戸
幕府がある
ところ

▲主な大名とその配置（1664年）

このように配置することで幕府に反抗する大名が出てこないようにしました。

👥徳川家光と武家諸法度

3代将軍**徳川家光**は諸大名に対して，「自分は生まれながらの将軍であるから，大名を家来としてあつかう。これが不満なら幕府に戦いをしかけるがよい」と宣言して，将軍と諸大名が主従関係であることをはっきりさせました。

1635年には，大名を取りしまるための法令である**武家諸法度**に，**参勤交代**についての決まりを加えました。参勤交代とは，**大名に1年ごとに江戸と領地を行き来させる制度で，大名の妻と子は人質として江戸に住まわせました。** 参勤交代は大名にとって経済的な負担となり，特に外様大名にとっては厳しいものでした。

もっとくわしく 参勤交代で大名と家臣が組んだ隊列を大名行列といいます。武家諸法度は2代将軍徳川秀忠のときに初めて出され，以後，ほぼ将軍が代わるたびに出されました。

👥身分制度の確立

江戸時代には，**武士，百姓，町人などに分ける身分制度が確立しました。** **武士**は支配する立場で，名字を名のることや刀を差すことなどの特権をもちました。**百姓**は農村などに住み，年貢を納め，武士の生活を支えました。幕府は年貢を確実にとるため，**おふれ書き**を出して，百姓の生活を厳しく取りしまりました。また，百姓5〜6戸を1組として，年貢を納めることや犯罪に連帯責任を負わせました。これを**五人組**といいます。**町人**は商人や職人のことで，主に城下町などに住み，商業や手工業などの仕事をしていました。

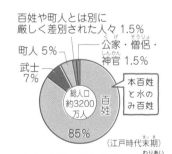

百姓や町人とは別に
厳しく差別された人々 1.5%
公家・僧侶・神官 1.5%
町人 5%
武士 7%
総人口
約3200
万人
本百姓
と水の
み百姓
百姓
85%
（江戸時代末期）

▲江戸時代の身分別人口の割合

つけたし 百姓や町人とは区別され，厳しい差別を受けながら社会を支えた人たちもいました。

チェック 1 次の各問いに答えましょう。

(1) 徳川氏一門の大名を何といいますか。 （　　　　　）

(2) 大名を取りしまるための法令を何といいますか。 （　　　　　）

2 外国とのつながり

授業動画は
こちらから　[65]

[65]
朱印船貿易

江戸幕府は初め，貿易をさかんにしようと考えました。九州の大名や西日本の大商人らは，**朱印状（海外に向かうための許可証）を幕府からもらって，東南アジアの国々と貿易を行いました。**朱印状を持った船を朱印船といいます。貿易のために東南アジアに移る日本人も増え，各地に**日本町**ができました。

また，キリスト教の宣教師が貿易船に乗って多く来日しました。

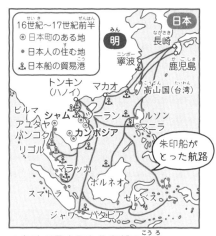

▲各地の日本町と朱印船の航路

鎖国への道のり

キリスト教の信者が命令に従わなくなることをおそれた江戸幕府は，**キリスト教の禁止令を出します。**主君より神を敬うキリスト教の教えは幕府の支配にとって都合が悪いものでした。幕府は，1616年，ヨーロッパ船の来航を長崎と平戸（長崎県）に限定し，1635年には**日本人の海外渡航と帰国を禁止しました。**

このような中，1637年，九州の島原地方（長崎県）・天草地方（熊本県）のキリスト教を信仰する農民らが中心となって，**島原・天草一揆**が起きました。農民らは激しく抵抗しましたが，幕府の大軍によってしずめられました。

島原・天草一揆

キリスト教を信仰する農民らが中心となり，16歳の天草四郎（益田時貞）をかしらとして重い年貢の取り立てとキリスト教の禁止に反対して起こした一揆です。

鎖国の完成

島原・天草一揆のあと，江戸幕府はキリスト教の禁止をいっそう強め，**絵踏み**をさかんに行いました。絵踏みとはキリスト教の信者かどうかを確かめるために，キリストの像などを踏ませるもので，踏めない人は厳しく罰せられました。

3代将軍徳川家光は，1639年にポルトガル船

▲絵踏み　　　　　　(aflo)

の来航を禁止し，1641年には平戸のオランダ商館を長崎の出島に移しました。**貿易相手国はキリスト教を広めるおそれのないオランダと中国に限定されました。**こうして，**鎖国**が完成したのです。

外国とのつながり

長崎奉行の指導のもと，**オランダとは出島で，中国とは唐人やしき（中国人居住地）で貿易が行われました。**貿易の利益は，江戸幕府が独占しました。

豊臣秀吉が侵略した朝鮮とは国交がとだえていましたが，**対馬藩**が仲立ちとなり国交を回復し，貿易を行いました。朝鮮からは幕府の将軍が代わるごとに**朝鮮通信使**が来日しました。**琉球王国**は江戸時代

▲鎖国下の外国との窓口

の初めに薩摩藩に征服され，薩摩藩の指導のもとで中国との貿易を行いました。

松前藩は蝦夷地（北海道）に古くから住むアイヌの人々と交易を行いました。この交易はアイヌの人々にとって不利なものだったため，アイヌの人々は**シャクシャイン**を指導者として立ち上がりましたが，松前藩との戦いに敗れました。

つけたし 岡山県瀬戸内市の牛窓町には，朝鮮通信使が伝えたとされる唐子踊が残っています。琉球王国が行った中国との貿易では，薩摩藩が貿易の利益の多くを手に入れました。

ポイント！

●キリスト教の禁止令→**島原・天草一揆**→**絵踏み**で取りしまり。

●貿易相手国を**オランダ**と**中国**に限定→**鎖国**の完成。

●オランダとは**出島**，中国とは**唐人やしき**で貿易。**朝鮮通信使**が来日。

チェック 2　次の各問いに答えましょう。

(1) 江戸幕府が発行した，海外に向かうための許可証を何といいますか。　　　（　　　　　　）

(2) 鎖国下でオランダとの貿易が行われたのは長崎のどこですか。　　　　　　（　　　　　　）

3 産業・都市・交通の発達

授業動画は
こちらから

農業・商工業の発達

農業では**新田開発**が進み，耕地面積が増えました。また，土地を耕す**備中ぐわ**や穂からもみをはずす**千歯こき**などの新しい農具が広まりました。ほかにも，綿花や菜種などの商品作物の栽培がさかんになりました。

商工業も発達しました。商人たちは**株仲間**という同業者組合をつくって，営業を独占し，利益をあげました。また，貨幣の交換などを行う**両替商**が栄えました。

千歯こき
もみがはずしやすくなった

備中ぐわ
土を深く耕せるようになった

都市・交通の発達

特に栄えた江戸・大阪・京都は**三都**と呼ばれました。江戸には幕府が置かれ，政治の中心地だったので「**将軍のおひざもと**」と呼ばれました。大阪には幕府や諸藩の**蔵屋敷**が置かれ，商業が発達したことから「**天下の台所**」と呼ばれました。京都は朝廷があり，古くから文化の中心地でした。

交通も発達し，**江戸の日本橋を起点に五街道が整備され，要所には関所が設けられました**。米や特産物を運ぶた

＝五街道
甲州道中（街道）
日光道中（街道）
西廻り航路
中山道
奥州道中（街道）
京都
江戸
大阪
東海道
東廻り航路
江戸・上方航路（南海路）
（菱垣廻船・樽廻船）

▲五街道と主な航路

めに，**西廻り航路**や**東廻り航路**などの水上交通が発達し，大阪と江戸の間は**菱垣廻船・樽廻船**が行き来しました。

ポイント
- 農業→**備中ぐわ**や**千歯こき**。商工業→**株仲間**の結成。**両替商**の登場。
- 江戸は「**将軍のおひざもと**」，大阪は「**天下の台所**」。**五街道**の整備。

 チェック3　次の各問いに答えましょう。

(1) 商人たちが結成した同業者組合を何といいますか。　　　　　　　（　　　　　　）
(2) 街道の要所に設けられた監視しせつを何といいますか。　　　　　（　　　　　　）

21のカだめし

授業動画はこちらから 67

➡ 解説は別冊p.11へ

1 次の文章の（　　）にあてはまる言葉を書きましょう。

67　江戸幕府は大名を徳川氏の一門である（　①　），関ヶ原の戦い以前からの徳川氏の家臣である（　②　）大名，関ヶ原の戦い以後から徳川氏に従った大名である（　③　）大名に分けました。そして，大名を統制するために（　④　）という法令を出しました。3代将軍（　⑤　）は，（　④　）に（　⑥　）の制度を加えました。（　⑥　）とは，大名に1年ごとに江戸と領地を行き来させる制度で，大名の妻と子は人質として江戸に住まわせました。

①（　　　　　　　　　　　） ②（　　　　　　　　　　　）
③（　　　　　　　　　　　） ④（　　　　　　　　　　　）
⑤（　　　　　　　　　　　） ⑥（　　　　　　　　　　　）

2 百姓5〜6戸を1組として，年貢を納めることや犯罪に連帯責任を負わせる制度を何といいますか。

（　　　　　　　　　　　）

3 1637年，天草四郎をかしらに，キリスト教を信仰する農民らが重い年貢の取り立てとキリスト教の禁止に反対して起こした一揆を何といいますか。

（　　　　　　　　　　　）

4 江戸時代の外国とのつながりについて，次の各問いに答えましょう。
(1) 鎖国下でわが国と長崎での貿易が許された2つの国はどこですか。

（　　　　　　　　　）（　　　　　　　　　）

(2) 江戸幕府の将軍が代わるごとに，朝鮮から送られた使節は何ですか。

（　　　　　　　　　　　）

(3) 松前藩が行った不利な交易に対して立ち上がった，アイヌの人々の指導者はだれですか。

（　　　　　　　　　　　）

5 江戸時代，大阪は商業が発達したことから何と呼ばれましたか。

（　　　　　　　　　　　）

世界にはばたく浮世絵
［6年／江戸の文化と学問］

江戸時代の浮世絵ってキレイだねぇ

浮世絵は西洋の芸術家たちに大きな影響をあたえたんだ

西洋？ヨーロッパ？

これが歌川広重の「名所江戸百景」の「亀戸梅家舗」

そしてそれに影響を受けたゴッホの「花咲く梅の木」だよ

影響ってか単なるパク…

立派な芸術作品だから！！

（写真提供：aflo）

このレッスンのはじめに♪

　産業が発達して，町人などが力をつけると大阪や京都，江戸を中心に新たな文化が栄えます。絵画では浮世絵など，芸能では歌舞伎や人形浄瑠璃が人気を集めました。そして学問も発達しました。これらについてくわしく見ていきましょう。

　また，江戸幕府はさまざまな改革を行いますがうまくいかず，人々は一揆などの行動に出ます。さらに，鎖国中の日本に外国船がやってくるようになり，時代は大きく動いていきます。その動きをしっかりおさえておきましょう。

1 江戸時代の文化と新たな学問

授業動画は こちらから

👥江戸時代に栄えた文化

商工業などの産業が発達し，町人たちが力をつけると**大阪や京都，江戸などを中心に町人の文化が栄えました。**

芸能では，**歌舞伎**や**人形浄瑠璃**などの演劇が人気を集めました。**近松門左衛門**は歌舞伎や人形浄瑠璃の脚本を多く残しました。文学では，**井原西鶴**が武士や町人の生き方などを**浮世草子**に書きました。浮世草子とは江戸時代に流行した小説です。**松尾芭蕉**は各地を旅して，**俳諧（俳句）**を独立した芸術にまで高めました。

絵画では，世の中の様子などをえがいた美しい**浮世絵**が，木版画の技術によって大量につくられるようになり，大流行しました。**風景画をえがいた歌川（安藤）広重や葛飾北斎，美人画をえがいた菱川師宣や喜多川歌麿，役者絵をえがいた東洲斎写楽などが代表的です。**

下の表は，このころ活やくした人々と代表作をまとめたものです。

> **☑ここをチェック**
>
> **江戸時代の文化**
>
> 江戸時代前半，上方（大阪や京都）を中心に栄えた町人文化を元禄文化，18世紀後半から19世紀の初めに江戸を中心に栄えた町人文化を化政文化といいます。

文学	浮世草子	井原西鶴	『日本永代蔵』
	俳諧	松尾芭蕉	『奥の細道』
		小林一茶	『おらが春』
		与謝蕪村	『新花摘』
	こっけい本	十返舎一九	『東海道中膝栗毛』
	読本	滝沢（曲亭）馬琴	『南総里見八犬伝』
芸能	歌舞伎台本 浄瑠璃台本	近松門左衛門	『曾根崎心中』 『国姓（性）爺合戦』
装飾画		尾形光琳	「紅白梅図屏風」
浮世絵	風景画	歌川（安藤）広重	「東海道五十三次」
		葛飾北斎	「富嶽三十六景」
	美人画	菱川師宣	「見返り美人図」
		喜多川歌麿	「ポッピンをふく女」
	役者絵	東洲斎写楽	「市川えび蔵」

（東京国立博物館 TNM Image Archibes）
▲見返り美人図

役者絵とは，歌舞伎のスターをえがいた浮世絵だよ。

つけたし 人形浄瑠璃は浄瑠璃（三味線伴奏と語り）に合わせて人形をあやつる演劇です。

新しい学問

江戸時代には蘭学や国学が広まりました。蘭学は，ヨーロッパの医学などの知識を主にオランダ語の書物を通して研究する学問です。国学は，儒教や仏教の影響を受ける前の日本人の考え方を研究する学問です。蘭学では，**杉田玄白や前野良沢**らがオランダ語の医学書を日本語に訳して，**『解体新書』**を出版しました。**伊能忠敬**は全国を測量してまわり，正確な日本地図をつくりました。国学では，**本居宣長**が『古事記』を研究して**『古事記伝』**を著し，国学を大成しました。

諸藩は，**藩校**で藩士（武士）の子どもに儒学や武道などを教えました。都市や農村につくられた**寺子屋**では，武士の浪人や僧などが町人や百姓の子どもに「**読み・書き・そろばん**」などを教えました。

（田原市博物館）
▲寺子屋で学ぶ子どもたち

ポイント

● 町人の文化が栄える→**歌舞伎**や**人形浄瑠璃**，**浮世草子**，**浮世絵**など。

● 蘭学→**杉田玄白**ら（**『解体新書』**），国学→**本居宣長**（**『古事記伝』**）。

チェック 1 次の各問いに答えましょう。

(1) 俳諧（俳句）を独立した芸術にまで高めたのはだれですか。 （　　　　　）

(2) 『古事記伝』を著したのはだれですか。 （　　　　　）

---

2 江戸幕府の改革と日本の開国

授業動画はこちらから

69 江戸幕府のさまざまな改革

江戸幕府はさまざまな改革を行い，一時的に成功したものもありましたが，多くは失敗に終わりました。下は，改革を行った主な人物とその内容です。

☆**徳川綱吉**（5代将軍）…貨幣の質を落として，発行量を増やしました。きょくたんな動物愛護令の**生類憐みの令**を出しました。

☆**徳川吉宗**（8代将軍）…**享保の改革**（1716〜1745年）を行いました。裁判の基準を定めた**公事方御定書**を出し，庶民の意見を聞くための**目安箱**を設けました。

☆**田沼意次**（老中）…**株仲間の結成**を積極的にすすめました。

138

☆**松平定信**（老中）…**寛政の改革**（1787 ～ 1793年）を行いました。**朱子学**以外の学問を禁止して，旗本や御家人の**借金を帳消し**にしました。

☆**水野忠邦**（老中）…**天保の改革**（1841 ～ 1843年）を行いました。**株仲間を解散**させました。人返し令で江戸に出かせぎに来ていた百姓を農村に帰らせました。

享保の改革，寛政の改革，天保の改革を合わせて**幕政の三大改革**といいます。

幕府への反対運動に立ち上がる人々

江戸時代には，重い年貢を減らすことや不正をはたらく役人をやめさせることなどを求めて，百姓が団結して領主などに反抗する**百姓一揆**が起きました。都市部では，生活に苦しむ人々が団結して米の値下げなどを求め，米屋や大商人などをおそう**打ちこわし**が起こりました。**百姓一揆や打ちこわしは特にききんのときに多くなりました**。ききんとは，自然災害などが原因で農作物が十分にとれずに，食料が不足してしまうことです。

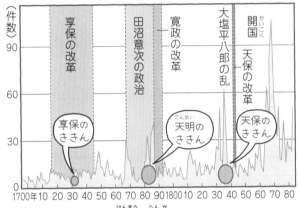

▲百姓一揆が起こった件数の変化

つけたし 岡山藩は厳しい差別を受けていた人々に倹約令を出して，さらに差別を強めようとしましたが，人々は団結して立ち上がり，命令を実行させませんでした。これを渋染一揆といいます。

大塩平八郎の乱

1837年，ききんで苦しむ人々を助けようと，もと大阪町奉行所の役人の大塩平八郎は大阪で反乱を起こしました（**大塩平八郎の乱**）。**江戸幕府の直轄都市である大阪で，幕府のもと役人が反乱を起こしたことは，幕府に衝撃をあたえました。**

外国船の出現

18世紀末から19世紀にかけて，ヨーロッパの国々やアメリカの船が日本の近海に現れるようになりました。これに対して江戸幕府は鎖国を守ろうと，1825年に**外国船（異国船）打払令**を出し，日本に近づく清（中国）とオランダ以外の外国船を撃退するように命じました。しかし，1842年にアヘン戦争で清がイギリスに敗れたことを知ると，**外国船打払令をゆるめて，外国船にまき（燃料）や水，食料をあたえることを許しました。**

開国と不平等条約

　1853年，アメリカ合衆国の使節ペリーが軍艦（黒船）を率いて，神奈川県の浦賀に来航し，江戸幕府に開国を求めます。1854年，ペリーは再び来航し，幕府は**日米和親条約**を結んで，開国しました。これにより，**鎖国が終わりました。**

▲日米和親条約と日米修好通商条約の開港地

　開国後，アメリカは幕府に対して，貿易をはじめる条約を結ぶように求めました。1858年には，大老**井伊直弼**が朝廷から許しを得ないまま，アメリカとの間で**日米修好通商条約**を結びました。この条約は，**アメリカの領事裁判権（治外法権）を認め，日本に関税自主権がない不平等条約でした。**領事裁判権とは，罪をおかした外国人を，その国にいる領事が自分の国の法律で裁くことができる権利です。関税自主権とは，自分の国の輸入品にかける税金を，自主的に決めることができる権利です。

倒幕への動き

　開国後，天皇の権力を高めようとする尊王論と外国人を追いはらおうとする攘夷論が結びついた**尊王攘夷運動**が高まりました。井伊直弼は反対派を取りしまり，**吉田松陰**らを処刑しました。しかし，井伊直弼はこの弾圧に反発した浪士らに暗殺されました（**桜田門外の変**）。その後，江戸幕府は弱体化しました。

　当時強い力を持っていた**薩摩藩**（鹿児島県）や**長州藩**（山口県）は，自分たちの力で外国船を追いはらおうとしましたが，戦いに敗れ，攘夷が難しいことをさとりました。そして，**薩摩藩の西郷隆盛や大久保利通，長州藩の木戸孝允らは倒幕を目指すようになり，1866年，坂本龍馬らの仲立ちで薩長同盟を結びます。**

つけたし　長州藩士の吉田松陰は松下村塾という私塾を開き，倒幕運動や明治維新で功績を残した高杉晋作や伊藤博文などの優秀な人物を育てました。

- **百姓一揆**や打ちこわし，**大塩平八郎の乱**が起こる。
- **日米和親条約**，**日米修好通商条約**を結ぶ。**薩長同盟**が結ばれる。

チェック **2**　次の各問いに答えましょう。
(1) もと大阪町奉行所の役人が起こした反乱は何ですか。　　　　　（　　　　　　　）
(2) 1866年に坂本龍馬らの仲立ちで結ばれた同盟は何ですか。　　　（　　　　　　　）

1 江戸時代の文化や学問について，次のA～Fの人物と最も関係が深いものを，あとのア～カからそれぞれ選び，記号を書きましょう。

A 歌川広重 （　　　　　） 　　B 近松門左衛門 （　　　　　）

C 松尾芭蕉 （　　　　　） 　　D 杉田玄白 （　　　　　）

E 井原西鶴 （　　　　　） 　　F 本居宣長 （　　　　　）

〔 ア.『解体新書』　　イ.『古事記伝』　　ウ. 俳諧 (俳句)
　 エ. 浮世草子　　　オ. 浮世絵　　　　　カ. 人形浄瑠璃 〕

2 都市部で，生活に苦しむ人々が団結して米の値下げなどを求め，米屋や大商人などをおそった暴動のことを何といいますか。

（　　　　　　　　　　　）

3 日本の開国について，次の各問いに答えましょう。

(1) 1854年に，江戸幕府とアメリカ合衆国の使節ペリーとの間で結ばれた条約は何ですか。

（　　　　　　　　　　　）

(2) 次のア～エのうち，(1)の条約で開港されたところはどこですか。すべて選んで，記号を書きましょう。

ア. 長崎　　イ. 下田　　ウ. 兵庫 (神戸)　　エ. 函館

（　　　　　　　　　　　）

(3) 1858年に，大老井伊直弼とアメリカ合衆国との間で結ばれた条約は何ですか。

（　　　　　　　　　　　）

(4) (3)の条約は，日本にとって不平等な条約でした。不平等であった点を2つ書きましょう。

（　　　　　　　　　）（　　　　　　　　　　　）

4 天皇の権力を高めようとする尊王論と，外国人を追いはらおうとする攘夷論が結びついて起こった政治的な運動を何といいますか。

（　　　　　　　　　　　）

レッスン 23 ざんぎり頭をたたいてみれば…

[6年／明治の国づくり]

このレッスンのはじめに♪

　江戸幕府がたおれたあと，明治新政府は日本をヨーロッパの国々やアメリカに負けない強い国にするために，さまざまな政策を行います。そうした中，外国から多くの文化が日本に入ってきて，人々の暮らしも大きく変わります。これらのことについて，くわしく見ていきましょう。

　また，新政府の政治に対して人々はどのような思いをもち，どんな行動に出たのでしょうか。大日本帝国憲法の制定についても，おさえておきましょう。

1 明治維新と文明開化

授業動画は
こちらから

江戸幕府の滅亡

15代将軍の徳川慶喜は，薩摩藩（西郷隆盛や大久保利通など）や長州藩（木戸孝允など）による倒幕の動きをおさえきれないと考えました。そこで**1867年，大政奉還を行い，政治を行う権利を朝廷（天皇）に返しました。** 朝廷はこれを受けて**王政復古の大号令**を出し，天皇中心の政治を行うことを宣言しました。こうして260年余り続いた江戸幕府は，ついにほろびました。

▲倒幕運動で活やくした人たち

1868年には，幕府にかわって成立した新政府側と旧幕府側との間で**戊辰戦争**が起きます。これに勝った新政府側が全国を支配しました。

つけたし 戊辰戦争では，旧幕府側の勝海舟と新政府側の西郷隆盛が話し合いをして，江戸城を無血開城しました。勝海舟は咸臨丸の艦長として，アメリカにわたった人物です。

明治新政府の誕生

1868年，江戸は**東京**と改称され，首都となりました。また，元号（年号）も明治と改められました。そして，明治新政府は次のことを行いました。

☆**五か条の御誓文**…1868年，明治新政府の政治の基本方針を表しました。

☆**版籍奉還**…1869年，大名に命じて土地と人民を天皇に返させました。

☆**廃藩置県**…1871年，藩をなくして，県と府を全国に置きました。中央から**県令**と**府知事**を送り，中央集権体制を確立させました。

☆**江戸時代の身分制度をなくして，皇族以外はすべて平等としました**（四民平等）。天皇の一族を**皇族**，公家や大名を**華族**，武士を**士族**，百姓や町人を**平民**としました。

明治新政府が行った，日本をヨーロッパの国々やアメリカに負けない近代国家にするための改革と，それにともなう社会の動きを**明治維新**といいます。

つけたし 厳しく差別されてきた身分の人々も解放令で平等とされましたが，差別は残りました。

富国強兵の政策

明治新政府は**経済を発展させて国力をつけ，強い軍隊を持**つことを目指して，**富国強兵**の政策を進めます。次のページを見てください。

☘**学制**…6歳以上のすべての男女に小学校教育（4年間）を受けさせました。
☘**殖産興業**…政府が直接経営する**官営（模範）工場**の**富岡製糸場**（群馬県）を建設するなどして，近代産業の保護・育成に取り組みました。
☘**徴兵令**…満20歳になった男子に3年間の兵役の義務を課しました。
☘**地租改正**…地価の3％を地租として現金で納めさせました。

学制や徴兵令，地租改正に対して，各地で反対の一揆なども起こりました。

🏛岩倉使節団の派遣

1871年，**岩倉使節団**がヨーロッパやアメリカ合衆国に派遣されました。**目的のひとつに不平等条約の改正交渉がありましたが，日本が近代国家でないことを理由に応じてもらえませんでした。** しかし，使節団は進んだ政治制度や産業の様子を目にして，日本の国力を高め，政治制度などを整備する必要があることを痛感しました。

ここをチェック

岩倉使節団
　岩倉具視を全権大使，大久保利通や木戸孝允，伊藤博文らを副使として，ヨーロッパやアメリカ合衆国に派遣されました。

つけたし 岩倉使節団に同行した津田梅子は，のちに日本の女子教育に力をつくしました。

🏛文明開化

明治時代の初めごろ，**ヨーロッパやアメリカ合衆国の文化が急速に広まって，人々の生活が大きく変わったこと**を**文明開化**といいます。れんがづくりの建物やガス灯が増え，人力車や馬車

▲銀座通り（明治時代初めごろ）　（GIN）

が走るようになりました。暦もそれまでの太陰暦をやめ，現在使われている**太陽暦**を取り入れました。郵便制度も整えられ，新橋（東京都）と横浜（神奈川県）の間に日本初の**鉄道**も開通しました。

福沢諭吉は『**学問のすゝめ**』を著して，人は生まれながらにして平等であることや，学問をして自立すべきであることなどを説きました。

▲福沢諭吉　（国立国会図書館）

つけたし 明治時代半ばになると，医学が発達し，国際的に活やくする日本人が現れました。北里柴三郎は破傷風の治療法を，志賀潔は赤痢菌を発見しました。野口英世は黄熱病などを研究しました。

北海道の開拓と沖縄

明治新政府は蝦夷地を**北海道**と改め，**開拓使**という役所を置きました。そして，職をなくした武士などを集めて北海道に移住させ，**屯田兵**として組織し，開拓を進めました。屯田兵はロシアに対する警備のほか，農業も行いました。**先住民族のアイヌの人々は，同化政策によって独自の生活や文化をうばわれました。**

また，1872年，琉球王国に**琉球藩**を置き，1879年には琉球の人々の反対をおさえて，琉球藩をなくし，**沖縄県**としました。これを**琉球処分**といいます。

近代的な国際関係

1871年，日本は清（中国）と対等な立場で**日清修好条規**を結びました。1876年には，軍事力を背景に朝鮮と**日朝修好条規**を結びました。日朝修好条規は日本の領事裁判権を認めるなど，朝鮮にとって不平等な内容でした。

また，国境をはっきりさせるため，1875年にロシアと**樺太・千島交換条約**を結び，樺太（サハリン）はロシア領，千島列島は日本領であることを決めました。

つけたし 樺太や千島列島の位置などは，地図帳で確認してみましょう。

- 15代将軍徳川慶喜が**大政奉還**→**王政復古の大号令**→**戊辰戦争**が起きる。
- 富国強兵の政策→**学制**や**徴兵令**，地租改正など。
- 文明開化→欧米文化が広まる。福沢諭吉の『**学問のすゝめ**』。

チェック 1 次の各問いに答えましょう。

(1) 大政奉還を行った江戸幕府の将軍はだれですか。 （　　　　　）
(2) 『学問のすゝめ』を著したのはだれですか。 （　　　　　）

2 自由民権運動と憲法制定

授業動画は
こちらから　72

西南戦争

明治新政府の改革により，武士としての特権を失った士族の多くは生活に苦しみました。そして，各地で反乱が起こります。中でも最大のものが，政府を退いた**西郷隆盛**を指導者として鹿児島の士族らが起こした**西南戦争**です。1877年のことでした。西南戦争は徴兵令で集められた政府の軍隊にしずめられ，このあと**人々は言論で政府へうったえるようになりました。**

自由民権運動と政党結成

明治新政府の重要な役職は薩摩藩や長州藩などの出身者がしめていました。1874年，**板垣退助**らは彼らの政治を批判し，国会を開設して，広く国民の意見を聞くべきとする**民撰（選）議院設立の建白書**を政府に提出しました。これをきっかけに，**憲法の制定や国会の開設などを求める自由民権運動が全国に広がります**。政府は，1881年に**国会開設の勅諭**を出して，1890年に国会を開くことを約束しました。そして国会開設に備え，政党が結成されます。**板垣退助**は**自由党**を，**大隈重信**は**立憲改進党**を結成しました。

大日本帝国憲法

明治新政府は国会開設の前に憲法を制定しようと考え，**伊藤博文**をヨーロッパに派遣し，憲法について調査させました。伊藤博文は帰国したあと，皇帝の権力が強いドイツの憲法を見本として，憲法の草案をつくりました。1885年には，**内閣制度**を取り入れて，伊藤博文が初代の**内閣総理大臣**になりました。1889年2月11日には，天皇が国民にあたえる形で**大日本帝国憲法**が発布されました。**天皇は国の元首で，絶対的な権力を持ちました。**

> 大日本帝国憲法の一部
> 第1条　日本は，永久に続く同じ家系の天
> 　　　　皇が治める。
> 第4条　天皇は国の元首であり，国や国民
> 　　　　を治める権限をもつ。
> 第11条　天皇は，陸海軍を統率する。

国会（帝国議会）の開設

1890年，**国会（帝国議会）**が開かれました。帝国議会は，皇族などからなる**貴族院**と，議員が選挙で選ばれる**衆議院**の二院制でした。衆議院議員の選挙権をもつのは，**直接国税を15円以上納める満25歳以上の男子**に限られ，有権者は全人口の約1％でした。

女性に選挙権はなかった

直接国税を15円以上納める満25歳以上の男子

ポイント
- ●自由民権運動が広がる→**国会開設の勅諭**→**自由党**や**立憲改進党**の結成。
- ●**大日本帝国憲法**の発布。国会（**帝国議会**）は**貴族院**と**衆議院**の二院制。

チェック2　次の各問いに答えましょう。
- (1) 西郷隆盛を指導者として鹿児島の士族らが起こした反乱は何ですか。（　　　　　　）
- (2) 立憲改進党を結成した中心人物はだれですか。（　　　　　　）

レッスン23の 力だめし

授業動画は
こちらから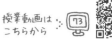

➡解説は別冊p.12へ

1 次の①〜⑤の文は，明治新政府の政策（せいさく）を説明（せつめい）しています。それぞれにあてはまるものを，あとのア〜オから選び，記号を書きましょう。
①江戸時代（えどじだい）の身分（みぶん）制度をなくして，皇族（こうぞく）以外（いがい）はすべて平等（びょうどう）としました。
（　　　）

②満20歳になった男子に兵役（へいえき）の義務（ぎむ）を課（か）しました。（　　　）
③地価（ちか）の3％を地租（ちそ）として現金（げんきん）で納（おさ）めさせました。（　　　）
④6歳以上のすべての男女に小学校教育（きょういく）を受（う）けさせました。（　　）
⑤藩（はん）をなくして，県（けん）と府（ふ）を全国に置（お）きました。（　　　）
〔 ア．徴兵令（ちょうへいれい）　イ．学制（がくせい）　ウ．廃藩置県（はいはんちけん）　エ．地租改正（ちそかいせい）　オ．四民平等（しみんびょうどう） 〕

2 1871年，日本からヨーロッパやアメリカ合衆国（がっしゅうこく）に派遣（しせつだん）された使節団（しせつだん）を何といいますか。
（　　　　　）

3 1872年，群馬県（ぐんまけん）に建設（けんせつ）された官営（かんえい）（模範（もはん））工場は何ですか。
（　　　　　）

4 明治時代の初（はじ）めごろ，ヨーロッパやアメリカ合衆国の文化（ぶんか）が急速（きゅうそく）に広まって，人々（ひとびと）の生活が大きく変（か）わったことを何といいますか。漢字（かんじ）4字で書きましょう。
（　　　　　）

5 次の文章の（　　）にあてはまる言葉を書きましょう。
　1874年，（　①　）らは（　②　）を開設して，広く国民の意見を聞くべきとする民撰（選）議院設立の建白書を政府に提出しました。これをきっかけに，憲法の制定や（　②　）の開設などを求める（　③　）運動が全国に広がります。政府は1890年に（　②　）を開くことを約束しました。政府は（　②　）開設の前に憲法を制定しようと考え，（　④　）をヨーロッパに派遣し，憲法について調査させました。そして憲法の草案をつくり，1889年2月11日，天皇が国民にあたえる形で（　⑤　）憲法が発布されました。

①（　　　　　）　②（　　　　　）
③（　　　　　）　④（　　　　　）
⑤（　　　　　）

レッスン 24 列強に肩を並べた日本

[６年／近代国家への歩み]

このレッスンのはじめに♪

　日本は，憲法の制定や産業の発展，日清戦争・日露戦争での勝利で，当時力の強かったヨーロッパの国々やアメリカにその力を認めてもらえるようになります。そして，江戸時代の終わりごろに結ばれた外国との不平等条約の改正に成功しました。どのような道のりだったのか，くわしく見ていきましょう。

　また，世界では第一次世界大戦が起こります。日本はどのような行動に出たのか，国内ではどんな動きがあったのか，おさえておきましょう。

① 日清・日露戦争と条約改正

授業動画は
こちらから

🎬 日清戦争

1894年，朝鮮で内乱が起きました。朝鮮政府が清（中国）に助けを求めると，日本もこれに対抗して朝鮮に兵を送り，**日清戦争**がはじまりました。この戦争には日本が勝利し，1895年，**下関条約**が結ばれます。この条約で，**清は朝鮮の独立を認めること，リヤオトン（遼東）半島や台湾などを日本にゆずること，多額の賠償金を支はらうこと**などが決められました。

当時ロシアは南へ勢力を広げようとしていたため，日本の大陸進出をおさえようと，ドイツ・フランスとともに**リヤオトン半島を清に返すように求めました**（**三国干渉**）。日本は要求に従いましたが，国内ではロシアへの反感が高まりました。

▲日清戦争当時の国際関係を風刺した絵

（aflo）

リヤオトン半島（三国干渉で返す）

清は朝鮮の独立を認める

朝鮮

日本

清

日本にゆずる

ポンフーしょとう澎湖諸島

台湾

清から得た賠償金 約三億二千万円

▲下関条約の内容

🎬 日露戦争

ロシアの進出をおさえたい日本とイギリスは，1902年，**日英同盟**を結びました。これによって日本とロシアの対立はさらに深まり，1904年，**日露戦争**が起こりました。日本は苦戦しましたが，日本海海戦では**東郷平八郎**の率いる艦隊がロシアのバルチック艦隊を破りました。

1905年，アメリカの仲立ちで**ポーツマス条約**が結ばれました。この条約で，**ロシアは韓国における日本の優越権を認めること，樺太（サハリン）の南半分，リヤオトン半島の租借権，南満州の鉄道の権利を日本にゆずること**などが決められました。しかし，日本は賠償金を得ることができず，国内では不満も出ました。

詩人の**与謝野晶子**は日露戦争に出征した弟を心配して，『**君死にたまふことなかれ**』という戦争に反対する詩を発表しました。

もっとくわしく 朝鮮は1897年に国名を大韓帝国（韓国）としました。

🎬 韓国併合

ポーツマス条約で韓国における優越権を得た日本は，1905年，韓国に**韓国統監府**を置きます。1910年には**韓国を日本の植民地とし，朝鮮総督府を置きました**。これを**韓国併合**といいます。日本は朝鮮の人々に日本語の勉強を強制するなどして，日本人に同化させる教育を行いました。

🎵条約改正

　政府は江戸時代の終わりごろに結んだ外国との不平等条約を改正しようとしました。日本の近代化がおくれているという理由で条約改正が実現しなかったことから，国際社交場の**鹿鳴館**をつくって舞踏会を開くなどして欧化政策を進めましたが，批判をあびて失敗しました。1886年，**ノルマント**

ン号事件が起き，イギリス人の船長が自国の領事裁判で裁かれ軽いばつになると，日本国民の間で不平等条約の改正を求める声が強くなりました。

　外務大臣の**陸奥宗光**は，日清戦争直前の**1894年にイギリスとの間で領事裁判権（治外法権）をなくすことに成功しました。** 1911年には，外務大臣の**小村寿太郎**が**アメリカとの間で関税自主権の回復に成功**し，日本は輸入品に自由に税金をかけられるようになりました。こうして不平等条約はすべて改正されました。

🎵近代工業の発展

　政府は民間の近代工業を育てようと，軍事工場以外の官営工場を安くはらい下げました。日清戦争のころには生糸や綿糸などをつくる**軽工業**が発展し，大きな工場がどんどんつくられ，1897年には**綿糸の輸出量が輸入量を上回りました。**

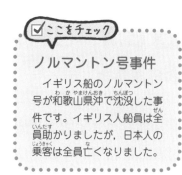

▲綿糸の輸出入量の移り変わり

　さらに政府は日清戦争の賠償金の一部を使って，1901年，北九州（福岡県）に官営の**八幡製鉄所**を建設しました。これにより鉄鋼が自給できるようになり，軍事工業，造船業や機械工業などの**重工業**が発展しました。

> **つけたし** 官営工場のはらい下げを受けた大資本家は，政府の保護を受けて多くの企業を経営し，銀行を中心とした財閥となります。財閥はのちに政治にも影響をあたえました。

🎵さまざまな社会問題

　農村では生活に苦しみ，土地を売って小作人になる人が増えました。小作人は地主と対立するようになり，小作料の引き下げなどを求める**小作争議**が起こりました。いっぽう，長時間労働などで苦しむ都市の労働者は労働組合をつくって，労働条件をよくすることを求める**労働争議**を起こしました。

　産業の発展にともなって，公害も発生しました。栃木県の足尾銅山から流出した有害なけむりや廃水が，渡良瀬川流域の人々の生活に大きな被害をあたえました。これを**足尾銅山鉱毒事件**といいます。衆議院議員の田中正造は，政府に被害者を助けるように求めますが，十分な対策はとられませんでした。

教育の発達と近代文化

1890年には教育の基本方針を示した**教育勅語**が出されました。また，1907年には義務教育の期間が**4年間から6年間に延長**されました。このころ，私立学校や女子の教育機関が開設されました。大正時代になると，女性が社会に進出し，バスの車掌や電話交換手などの仕事につくようになりました。

芸術や文学も発達しました。日本画では**岡倉天心**や横山大観，洋画では**黒田清輝**が活やくし，高村光雲はすぐれた彫刻をつくりました。**滝廉太郎**は「荒城の月」などの名曲をつくりました。文学では，右の表の人物らが活やくしました。

人物	主な作品
島崎藤村	『若菜集』『破戒』
与謝野晶子	『みだれ髪』
樋口一葉	『にごりえ』『たけくらべ』
石川啄木	『一握の砂』
森鷗外	『舞姫』
夏目漱石	『坊っちゃん』

- ●日本が**日清戦争**や**日露戦争**で勝利→**不平等条約の改正**に成功。
- ●**軽工業，重工業**が発展。**足尾銅山鉱毒事件**などの社会問題が発生。

チェック 1 次の各問いに答えましょう。

(1) 日露戦争でロシアのバルチック艦隊を破ったのはだれですか。　　　　（　　　　　　）

(2) 1901年，北九州に建設された製鉄所は何ですか。　　　　（　　　　　　）

② 第一次世界大戦と民主主義の動き

授業動画はこちらから

第一次世界大戦と日本

1914年，ドイツを中心とする同盟国とイギリスを中心とする連合国が戦う**第一次世界大戦**が起こりました。この大戦では連合国が勝利し，1919年，**ベルサイユ条約**が結ばれました。1920年には，世界の平和を守るために**国際連盟**が設立され，日本の**新渡戸稲造**は事務局次長として活やくしました。

日本は日英同盟を理由に連合国側として，第一次世界大戦に参加しました。1915年には，**中国に二十一か条の要求をつきつけ，中国にあるドイツの権益を日本が引きつぐことなどを認めさせました。**いっぽう，日本国内では米のねだんが急に高くなったため，1918年，米の安売りを求める**米騒動**が全国に広がりました。

つけたし 第一次世界大戦中，日本は好景気となり，成金と呼ばれる大金持ちが現れました。

🏀東アジアの反日運動

1919年3月1日，朝鮮では日本からの独立を求める**三・一独立運動**が起こりました。同年5月4日には，中国で二十一か条の要求を認めたベルサイユ条約に反対する集会が開かれ，排日・反帝国主義の**五・四運動**が広がりました。

🏀民主主義の動き

大正時代，**尾崎行雄**らは憲法を守る政治を行おうと**第一次護憲運動**を起こしました。**吉野作造**は普通選挙と政党中心の議会政治の実現を求め，**民本主義**を唱えました。このような護憲運動や，民本主義による民主主義・自由主義を求める動きを大正デモクラシーといいます。

1918年，米騒動のあとに成立した**原敬**内閣は日本初の本格的な**政党内閣**でした。1925年には，満25歳以上のすべての男子に衆議院議員の選挙権を認める普通選挙法が成立しました。また，政治や社会のしくみを変えようとする動きを取りしまるために，**治安維持法**も制定されました。

つけたし 1923年9月1日には関東大震災が発生し，東京や横浜を中心に大きな被害が出ました。

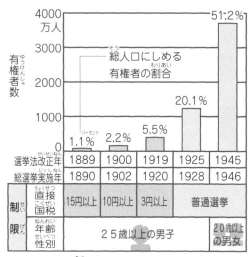

選挙法改正年	1889	1900	1919	1925	1945
総選挙実施年	1890	1902	1920	1928	1946
制限 直接国税	15円以上	10円以上	3円以上	普通選挙	
制限 年齢性別	25歳以上の男子				20歳以上の男女

▲有権者数の移り変わり

🏀さまざまな社会運動

1922年，厳しい差別を受けてきた人々は**全国水平社**を結成し，差別をなくす運動を進めました。女性の地位向上のための運動も高まり，**平塚らいてう**や**市川房枝**らは女性の政治参加などを求めて，1920年，**新婦人協会**を結成しました。

つけたし 1925年，ラジオ放送が開始され，国民が情報を得る手段が増えました。

ポイント!
- **第一次世界大戦**が起こる。日本は中国に**二十一か条の要求**をつきつける。
- **大正デモクラシー**が起こる。1925年には**普通選挙法**が成立。

チェック2 次の各問いに答えましょう。

(1) 1918年に起こった米の安売りを求める運動を何といいますか。（　　　　　）

(2) 1919年，朝鮮で起こった反日運動を何といいますか。（　　　　　）

レッスン24の力だめし

授業動画は
こちらから

➡ 解説は別冊p.12へ

1 次の年表を見て，あとの各問いに答えましょう。

年代	出来事
1894	（ ① ）が領事裁判権をなくすことに成功する
1894	日清戦争が起こる ……………………………………………… A
1902	日本は（ ② ）と日英同盟を結ぶ
1904	日露戦争が起こる ……………………………………………… B
1910	日本が（ ③ ）を植民地とする
1911	（ ④ ）が関税自主権の回復に成功する

(1) 年表中の（　）にあてはまる言葉を書きましょう。

① （　　　　　　　） ② （　　　　　　　）
③ （　　　　　　　） ④ （　　　　　　　）

(2) 年表中のAについて，この戦争の講和条約を何といいますか。

（　　　　　　　）

(3) 年表中のBについて，この戦争の講和条約を何といいますか。

（　　　　　　　）

(4) 年表中のBについて，日露戦争に出征した弟を心配して，『君死にたまふことなかれ』という戦争に反対する詩を発表した人はだれですか。

（　　　　　　　）

2 足尾銅山鉱毒事件で政府に被害者の救済を求めた衆議院議員はだれですか。

（　　　　　　　）

3 1920年に設立された，世界の平和を守るための国際機関は何ですか。

（　　　　　　　）

4 1925年の普通選挙法で衆議院議員の選挙権を認められたのはどんな人たちですか。説明しましょう。

（　　　　　　　）

レッスン25 二度と戦争をくり返さない!!

[6年／戦争と新しい日本]

このレッスンのはじめに♪

　日本は日中戦争，そして太平洋戦争と，戦争への道を歩みます。なぜ，戦争への道を歩んでしまったのか，当時の人々はどんな生活を送っていたのか，くわしく見ていきましょう。

　戦後の日本は，さまざまな改革を行って，すごい勢いで経済や産業が成長します。これにより，人々の生活はどう変わったのでしょうか。また，現在の日本と世界はどんな問題をかかえているのでしょうか。

1 日本の中国侵略と太平洋戦争

授業動画は
こちらから

満州への進出

1929年，アメリカから不景気がはじまって，世界中に広がりました。これを**世界恐慌**といいます。日本の経済も世界恐慌で大きな打撃を受けました。一部の軍人たちは不景気を乗りきるために，中国東北部の満州へ進出しようと主張しました。

1931年，**満州の日本軍（関東軍）は南満州鉄道の線路を爆破し，これを中国軍のやったことだと主張して，攻撃をはじめます。**日本軍はすぐに満州全域を占領し，翌年には**満州国**をつくって，日本が政治や軍事などの実権をにぎりました。この一連の流れを**満州事変**といいます。中国は日本を国際連盟にうったえ，国際連盟は満州国を認めず，1933年，日本に満州からの引き上げを通告しました。日本はこれに納得せず，**国際連盟を脱退しました。**

関東軍が南満州鉄道の線路を爆破する

▲満州国の位置

軍部の進出

1932年5月15日，海軍の青年将校の一団が**犬養毅首相を殺害する五・一五事件**が起きました。1936年2月26日には，陸軍の青年将校らが大臣たちを殺傷し，一時東京の中心部を占拠する**二・二六事件**が起きました。これらの事件により，軍部の力は強くなり，議会は無力化しました。

日中戦争

1937年，**中国の北京郊外で日本軍と中国軍がぶつかり，日中戦争がはじまりました。**日本軍は南京を占領したときに，中国人の兵士だけでなく女性や子どもなどの一般市民を殺害しました（**南京事件**）。中国軍はアメリカやイギリスなどの支援を受けてねばり強く戦い，戦争は長期化しました。

1938年，日本政府は，政府が戦争目的にすべての国民や物資を動員できるよう，**国家総動員法**を制定しました。1940年には政党などを解散させ，**大政翼賛会**という組織にまとめます。そして，国民の5〜10軒をひとかたまりとして**隣組**を結成し，防空演習などを共同で行わせました。

第二次世界大戦の開戦

ヨーロッパでは**ドイツが支配を広げようとして，1939年，ポーランドに侵攻します。**これに対し，イギリスやフランスがドイツに宣戦して，**第二次世界大戦**がはじまりました。1940年には，イタリアがドイツ側に立って参戦しました。

太平洋戦争の開戦

1940年, 日本はドイツ・イタリアと**日独伊三国同盟**を結びました。これにより, アメリカやイギリスと対立を深めました。1941年にはソ連と**日ソ中立条約**を結び, 北方の安全を確保しました。

同年12月8日, **日本軍はイギリス領のマレー半島へ上陸すると同時に, ハワイの真珠湾にあるアメリカ軍基地を攻撃して太平洋戦争がはじまりました。** 戦いの最初は日本に有利に展開しましたが, その後は不利になっていきました。

つけたし 日本は「大東亜共栄圏」というスローガンを打ち立てました。

戦時下の生活

戦争が長引き, 日本国内では国民の多くが戦争に動員されるようになります。兵士が不足し, 男子大学生なども徴兵されました (**学徒出陣**)。また, 労働力不足を補うため, 女子学生や中学生が軍事工場などで働かされました (**勤労動員**)。米や服などの生活に必要なものも足りなくなり, **配給制**や**切符制**となりました。

1944年からは都市部への**空襲**が激しくなったため, 都市部の小学生は親もとをはなれて地方に避難しました。これを**集団疎開 (学童疎開)** といいます。

▲集団疎開　(毎日新聞社/aflo)

太平洋戦争の終わり

ヨーロッパでは1943年にイタリアが降伏し, 45年にはドイツも降伏しました。

1945年3月, アメリカ軍は**沖縄に上陸**し, 一般の住民を巻きこんだ地上戦が展開され, 多くの人が犠牲になりました。6月, 沖縄はアメリカ軍に占領されます。アメリカ軍は**8月6日広島に, 9日には長崎に原子爆弾を投下しました。** 両市は一瞬で破壊され, 合わせて30万人以上の人が亡くなりました。いっぽう, 8月8日には, ソ連が日ソ中立条約を破って, 日本に戦争をしかけました。**1945年8月14日, 日本はポツダム宣言を受け入れて降伏を決め, 15日に昭和天皇がラジオ放送を通して国民に伝えました。**

ここをチェック

ポツダム宣言
日本の無条件降伏と, 戦後の支配, 民主化などが決められ, アメリカ・イギリス・中国の名で発表された共同宣言。ソ連は対日参戦後に宣言に加わりました。

ポイント
●満州事変→日本は**国際連盟を脱退**→1937年, **日中戦争**がはじまる。
●**太平洋戦争**の開戦→**原子爆弾**投下→**ポツダム宣言**を受け入れて降伏。

チェック 1　次の各問いに答えましょう。

(1)　1932年，日本が中国東北部に建てた国を何といいますか。　　（　　　　　）
(2)　戦争が激化し，都市部の小学生が地方に避難したことを何といいますか。　（　　　　　）

② 戦後の日本と世界

授業動画は
こちらから ⑱

🖥戦後の人々の生活

　米などの食料が不足したため，都市の人々は遠くの農村に**買い出し**に行ったり，**やみ市**で高いねだんで買ったりしていました。空襲で多くの校舎が失われたため，子どもたちは校庭などにいすを並べて勉強しました（**青空教室**）。

👥連合国軍による民主化政策

　戦後，日本はアメリカを中心とする連合国軍に占領されました。**連合国軍最高司令官総司令部（GHQ）**は，日本を民主主義国家にするために，次のような政策を行うことを政府に命じました。GHQの最高司令官は**マッカーサー**です。

☆**選挙法の改正**…満**20歳以上の男女**に選挙権をあたえました。
☆**農地改革**…政府が多くの小作地を強制的に買い上げて，小作人に安く売りわたしました。農家のほとんどが**自作農**になりました（農村の民主化）。
☆**財閥解体**…産業界を独占していた**財閥を解体**しました（経済の民主化）。
☆**教育の民主化**…民主的な教育を目指す**教育基本法**を制定し，**男女共学**としました。**義務教育は小学校6年，中学校3年の計9年間**となりました。
☆**労働者の権利の保障**…**労働三法**（労働組合法，労働基準法，労働関係調整法）が制定されました。

📖日本国憲法の制定

　GHQは日本政府に，これからの政治のあり方の基本となるよう，大日本帝国憲法の改正を指示します。そして，**1946年11月3日に日本国憲法が公布され，1947年5月3日に施行されました。**日本国憲法には**3つの原則**があります。
☆**国民主権**…国の政治のあり方を決める最終的な権利は国民にあります。
☆**基本的人権の尊重**…国民一人ひとりが持っている権利を尊重します。
☆**平和主義**…軍隊など戦力を持たず，戦争を放棄し，二度と戦争をしません。

つけたし 日本国憲法については，レッスン27の168〜170ページを見てみましょう。

冷たい戦争（冷戦）と朝鮮戦争

第二次世界大戦後，アメリカを中心とする資本主義国とソ連を中心とする社会主義国が対立するようになりました。これを**冷たい戦争（冷戦）**といいます。1950年には朝鮮半島で，朝鮮民主主義人民共和国（北朝鮮）と大韓民国（韓国）による**朝鮮戦争**が起こりました。朝鮮戦争のとき，日本国内の治安を守るために，警察予備隊（現在の**自衛隊**のもととなった）が組織されました。

日本の独立と韓国・中国との関係

1951年，日本は48か国と**サンフランシスコ平和条約**を結び，**独立を回復しました。**この条約と同時に，日本はアメリカと**日米安全保障条約（安保条約）**を結んで，日本が独立したあともアメリカ軍が日本に基地を置くことを認めました。

1956年，日本は**日ソ共同宣言**によりソ連と国交を回復し，同年，**日本の国際連合への加盟が実現しました。**1965年，日本は韓国と**日韓基本条約**を結び，国交を回復しました。1972年には，中華人民共和国（中国）と**日中共同声明**を発表して国交を正常化し，さらに1978年には**日中平和友好条約**を結んで，つながりを深めました。

1972年，沖縄が日本に返還されたよ。

高度経済成長

1950年代の中ごろから，日本の経済は急激な成長をとげました（**高度経済成長**）。白黒テレビ，電気洗濯機，電気冷蔵庫が家庭に広まり，**「三種の神器」**と呼ばれました。1964年には**東海道新幹線が開通し，東京でアジア初のオリンピックが開かれ**，日本の復興や発展を世界にアピールしました。1968年，日本の国民総生産（GNP）は資本主義国の中でアメリカに次いで世界第2位となりました。1973年に石油のねだんが上がり，世界的に経済が混乱して**石油危機（オイル・ショック）**が起きると，日本の高度経済成長は終わり，安定成長へ向かいました。

ポイント

●日本の民主化政策→**選挙法改正，農地改革，財閥解体**。日本国憲法の制定。

●1951年，**サンフランシスコ平和条約**で独立回復。**国際連合**に加盟。

- -

チェック2　次の各問いに答えましょう。

(1) 1951年，日本が世界の48か国と結んだ条約は何ですか。　　（　　　　　）

(2) (1)と同時に日本がアメリカと結んだ条約は何ですか。　　　（　　　　　）

25 の 力だめし

➡ 解説は別冊p.13へ

1 1938年，政府が戦争目的にすべての国民や物資を動員できるように制定した法律は何ですか。

（　　　　　　　　　）

2 次の文章の（　　）にあてはまる言葉を書きましょう。

1940年，日本はドイツ・イタリアと（　①　）同盟を結びました。これにより，アメリカやイギリスと対立を深めました。1941年12月8日，日本軍はハワイの（　②　）湾にあるアメリカ軍基地などを攻撃して，（　③　）戦争がはじまりました。戦いの最初は日本に有利に展開しましたが，その後は不利になっていきました。1945年3月，アメリカ軍は（　④　）に上陸し，6月には占領します。さらにアメリカ軍は8月6日広島に，9日には長崎に（　⑤　）を投下しました。両市では多くの人が犠牲になりました。8月14日，日本は（　⑥　）宣言を受け入れて降伏を決めました。

①（　　　　　　　）　②（　　　　　　　）
③（　　　　　　　）　④（　　　　　　　）
⑤（　　　　　　　）　⑥（　　　　　　　）

3 1945年の選挙法の改正で選挙権を認められたのはどんな人たちですか。説明しましょう。

（　　　　　　　　　）

4 日本国憲法が公布された年月日と，施行された年月日を書きましょう。

公布（　　　　　）年（　　　　）月（　　　　）日
施行（　　　　　）年（　　　　）月（　　　　）日

5 第二次世界大戦後に起こった，アメリカを中心とする資本主義国とソ連を中心とする社会主義国の対立を何といいますか。

（　　　　　　　　　）

6 1950年代の中ごろから，日本の経済が急成長したことを何といいますか。

（　　　　　　　　　）

レッスン26 みんなの願いをかなえる政治

[6年／私たちの暮らしと政治①]

このレッスンのはじめに♪

「安心して過ごせるまちにしてほしい」「みんなが利用しやすいしせつをつくってほしい」など，人々はさまざまな願いをもって暮らしています。これらの願いをかなえるため，国や都道府県，市（区）町村が政治を進めています。どのように政治を進めているのか，どんなしくみがつくられているのか，くわしく見ていきましょう。また，私たちが政治に参加する手段のひとつである選挙についても，しっかりおさえておきましょう。

授業動画は
こちらから

1 地方の政治

地方自治

　私たちが住む都道府県や市（区）町村のことを**地方公共団体（地方自治体）**といいます。地方公共団体の住民は選挙で代表者（市長など）を選び，地域の政治を自分たちの意思と責任で行っています。これを**地方自治**といいます。地方自治の目的は，地域の実情に合った，住民の意思を尊重した政治を実現することです。

地方自治のしくみ

　住民は選挙で地方公共団体の**首長**と**地方議会**の議員を選びます。**首長には都道府県知事と市（区）町村長があります。**首長は**予算案**や**条例案**（その地域だけに適用される決まり）をつくって地方議会に提出したり，地方議会で決められたことをきちんと実行したりすることなどが仕事です。**地方議会には都道府県議会と市（区）町村議会があります。**地方議会の仕事は**予算の議決**や**条例の制定**などです。

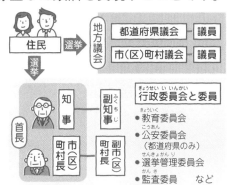

▲地方自治のしくみ

　地方公共団体の具体的な仕事には公園や道路などの整備，水道・バス事業などの経営，ごみの収集と処理，警察と消防の仕事，学校などの管理があります。

つけたし 住民には，署名を集めて首長の解職（リコール）や条例の制定などを求める権利があります。

災害時の政治のはたらき

　2011年3月11日に発生し，大きな被害を出した**東日本大震災**では，国や地方公共団体などが連携して，**被害にあった人々が安心して暮らせるように復旧・復興に力を入れてきました。**これには全国各地から集まった**ボランティア**も活やくしました。

● **地方自治**→住民が地域の政治を自分たちの意思と責任で行うこと。
● **首長の仕事**→**予算案の作成**など。**地方議会の仕事**→**予算の議決**など。

チェック 1　次の各問いに答えましょう。

(1) 都道府県や市（区）町村のことを何といいますか。　　　　　　　　（　　　　　　　）
(2) 首長には市（区）町村長と何がありますか。　　　　　　　　　　　（　　　　　　　）

② 国の政治と選挙

授業動画は
こちらから

国会のしくみ

国会は**国権（国の権力）の最高機関**で，国民が選挙で選んだ国会議員で構成されています。また，法律を制定できるただひとつの**立法機関**です。

国会は**衆議院**と**参議院**の**二院制**（両院制）をとっています。

衆　議　院		参　議　院
465名 ┤比例代表　176名 / 小選挙区　289名	議員定数	248名※ ┤比例代表　100名 / 選挙区　148名
4年（解散あり）	任期	6年（3年ごとに半数改選）
満25歳以上	被選挙権（選挙に立候補する権利）	満30歳以上

▲衆議院と参議院のちがい

※2019年の参議院議員選挙で245名となり，2022年の参議院議員選挙から248名となる。

国会の種類

国会には目的によって，次のような種類があります。

☆**常会（通常国会）**…毎年1回，1月中に召集され，150日間の会期で開かれます。主な議題は**次年度の予算を審議して決めること**です。

☆**特別会（特別国会）**…衆議院が解散されて，総選挙が行われた日から**30日以内**に開かれます。主な議題は**次の内閣総理大臣を指名すること**です。

☆**臨時会（臨時国会）**…内閣が必要と認めた場合や，衆議院・参議院どちらかの議院の総議員の4分の1以上の要求があった場合などに開かれます。

つけたし 衆議院の解散中に国会の議決が必要になった場合は，参議院で緊急集会が開かれます。

国会の仕事

国会の仕事には次のようなものがあります。①法律をつくる，②国の予算を決める，③内閣総理大臣を指名する，④内閣が結んだ外国との条約を承認する，⑤国の政治が正しく行われているかを調べる（**国政調査権**），⑥必要な場合，裁判官をやめさせるかどうかを裁判して決める（**弾劾裁判**），などがあります。**内閣の信任・不信任を決定することは，衆議院だけに認められています。**

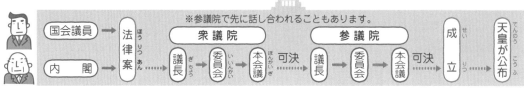

▲法律の公布までの流れ

🔩内閣のしくみ

　内閣は，国会が決めた法律や予算にもとづいて，実際に政治を行います（行政）。内閣は**内閣総理大臣（首相）**と**国務大臣**からなります。**内閣総理大臣は国会議員の中から国会によって指名され，天皇が任命します。**内閣総理大臣は国務大臣を任命し，その過半数は国会議員でなくてはいけません。内閣では，内閣総理大臣とすべての国務大臣が参加して**閣議**を開き，政治の方針を決めます。国務大臣は内閣のもとに置かれた**省庁**の長となり，行政の仕事を分担して行います。

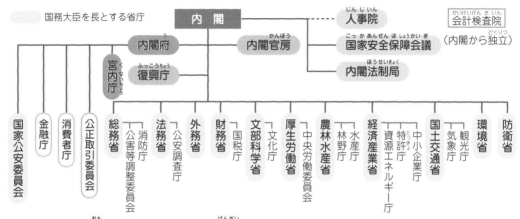

▲国の行政機関（主なもの，2019年11月現在）

🔩内閣の仕事

　内閣の仕事には，①法律や予算に従って政治を進める，②**政令**（国の行政機関が制定する決まりの中で内閣が定めるもの）を定める，③法律案や予算案を国会に提出する，④最高裁判所の長官を指名し，その他の裁判官を任命する，⑤天皇の**国事行為**に対して助言や承認を行う，⑥外国と条約を結ぶ，などがあります。

🔩裁判所の仕事と裁判の種類

　裁判所は，犯罪や人々の間の争いごとなどを，憲法や法律にもとづいて裁判で解決します。このはたらきを**司法**といいます。裁判にはお金の貸し借りなど人々の間の争いごとを裁く**民事裁判**と，強盗や殺人などの罪を犯した疑いのある人を裁く**刑事裁判**があります。

　裁判の結果（判決）に納得できないときは，**上級の裁判所にうったえて，裁判のやり直しを求めることができ，原則3回まで裁判を受けることができます（三審制）。**

　2009年には，くじで選ばれた国民が刑事裁判に裁判員として参加し，被告人の有罪・無罪，刑罰の内容などを裁判官とともに決める**裁判員制度**がはじまりました。

▲三審制のしくみ

三権分立

国家権力がひとつの機関に集中しないように，**立法権，行政権，司法権に分けて，それぞれ国会，内閣，裁判所が担当しています。**これを**三権分立**といいます。

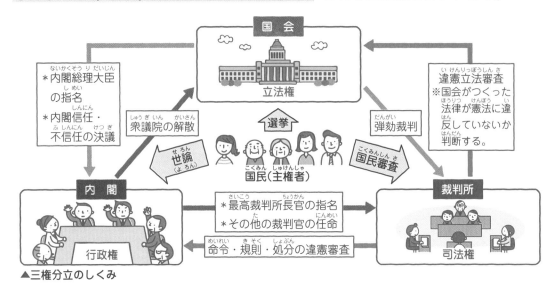

▲三権分立のしくみ

選挙とその原則

国民は**選挙**によって国会議員や首長，地方議会の議員を選び，**主権者として政治に参加しています。**選挙で投票する権利を**選挙権**，選挙に立候補する権利を**被選挙権**といいます。選挙には次の4つの原則があります。①**普通選挙**（満18歳以上のすべての男女が選挙権をもつ），②**平等選挙**（1人1票で価値が同じ），③**直接選挙**（直接候補者に投票する），④**秘密選挙**（投票者の名前を書かない）です。現在，**投票率の低下**などが問題となっています。

国会		地方公共団体			
衆議院議員	参議院議員	都道府県		市(区)町村	
		首長	議員	首長	議員
被選挙権 25歳以上		30歳以上		25歳以上	
選挙権		18歳以上の日本国民			

▲被選挙権と選挙権

つけたし 2015年の公職選挙法の改正により，選挙権年齢が「20歳以上」から「18歳以上」に引き下げられました。

ポイント！
- ●**国会**→**国権の最高機関**。ただひとつの**立法機関**。**衆議院と参議院**。
- ●**内閣**→**行政機関**。**内閣総理大臣と国務大臣**。**閣議**で政治の方針を決定。
- ●**裁判所**→**司法機関**。**三審制**。裁判員制度がはじまる。

チェック 2 次の各問いに答えましょう。

(1) 国会は衆議院と何議院からなりますか。　　　　　　　　　　（　　　　　　）
(2) 原則3回まで裁判を受けられるしくみを何といいますか。　　（　　　　　　）

26の力だめし

授業動画は
こちらから [82]

➡ 解説は別冊p.13へ

1 三権分立について示した次の図を見て，あとの各問いに答えましょう。

[82]

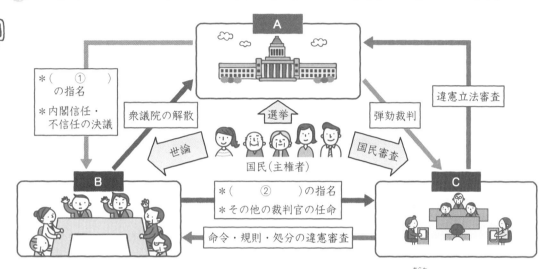

図中のラベル: A, B, C

*(①)の指名
*内閣信任・不信任の決議

衆議院の解散

選挙

弾劾裁判

違憲立法審査

世論

国民（主権者）

国民審査

*(②)の指名
*その他の裁判官の任命

命令・規則・処分の違憲審査

(1) 図中のA，B，Cは裁判所，内閣，国会のいずれかを表しています。それぞれ何を表しているか，答えましょう。

A(　　　　　　) B(　　　　　　) C(　　　　　　)

(2) 図中のA，B，Cは，三権のうちの何を担当していますか。それぞれ答えましょう。

A(　　　　　　) B(　　　　　　) C(　　　　　　)

(3) 図中の（　）にあてはまる言葉を書きましょう。

① (　　　　　　) ② (　　　　　　)

2 地方公共団体の住民が選挙で代表者を選び，地域の政治を自分たちの意思と責任で行うことを何といいますか。漢字4字で答えましょう。

(　　　　　　)

3 毎年1回，1月中に召集され，次年度の予算を審議して決めることなどが目的の国会を何といいますか。

(　　　　　　)

4 選挙に立候補する権利を何といいますか。

(　　　　　　)

レッスン 27 平和をちかう日本国憲法

［6年／私たちの暮らしと政治②］

このレッスンのはじめに♪

　日本国憲法には3つの原則があります。国民主権，基本的人権の尊重，平和主義です。それぞれどのように憲法に定められていて，私たちの生活にどのように関わっているのか，くわしく見ていきましょう。

　また，私たちがコンビニエンスストアなどで買う商品のねだんには消費税がふくまれています。このような税金にはどんなものがあり，国や地方公共団体は集めた税金をどのように使っているのかについても，おさえておきましょう。

1 税金のしくみ

授業動画は
こちらから [83]

税金の種類

国や地方公共団体（地方自治体）は国民や会社などから税金を集めます。国に納める税金を**国税**，地方公共団体に納める税金を**地方税**といいます。また，税金を負担する人が直接納める税金を**直接税**，税金を負担する人と納める人が異なる税金を**間接税**といいます。下の表で主な税金を確認しましょう。

税金		直接税	間接税
国税		● 所得税（会社員などの所得にかかる） ● 法人税（会社の利益にかかる） ● 相続税（相続した財産にかかる）	● 消費税（商品などのねだんにかかる） ● 酒税 ● 関税（輸入品にかかる） ● 揮発油税（ガソリンなどにかかる）
地方税	都道府県に納める税金	● 住民税（都道府県民税） ● 事業税 ● 自動車税（所有する自動車にかかる）	● 地方消費税 ● 不動産取得税 　（土地や住宅を買ったときにかかる）
	市(区)町村に納める税金	● 住民税（市<区>町村民税） ● 固定資産税 　（所有する土地や住宅にかかる）	● 市(区)町村たばこ税 ● 入湯税（温泉での入浴にかかる）　など

税金の使いみち

集められた税金は，国民の生活をよくするために使われています。

道路などの整備　　消防や警察　　ごみの収集　　高齢者の支援

▲税金の使いみち（主なもの）

国家財政の収入と支出

国や地方公共団体は上で書いたように，**さまざまなかたちで集めた税金を使って，公共のものやサービスを提供します。**この経済活動を**財政**といい，国の財政を国家財政，地方公共団体の財政を地方財政といいます。

国家財政の収入（歳入）の多くは**税金（租税）**と**公債金**です。公債金は国の借金です。支出（歳出）では，社会保険などの**社会保障関係費**，借金の返済にあてる**国債費**，地方公共団体に配分する**地方交付税交付金**などのしめる割合が多くなっています。

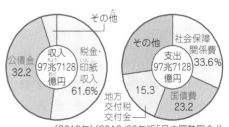

収入 97兆7128億円
公債金 32.2
税金・印紙収入 61.6%
その他

支出 97兆7128億円
社会保障関係費 33.6%
国債費 23.2
地方交付税交付金 15.3
その他

（2019年）（2019/20年版「日本国勢図会」）
▲国家財政の収入と支出

地方財政の収入と支出

地方財政の収入（歳入）では，住民が納める**地方税**のほか，国から配分される**地方交付税交付金**と**国庫支出金**が多くなっています。支出（歳出）では，民生費が最も多くなっています。

（2016年度）（2019年版「日本のすがた」）

▲地方財政の収入と支出

社会保障制度のしくみ

国家財政の支出を見てもわかるように，社会保障には多くのお金が使われています。**日本の社会保障制度は，日本国憲法第25条に定められた生存権を保障するためのもので，次の4つを大きな柱としています。**

☆**社会保険**…国民から保険料を集めて積み立てておき，病気のときや老後の生活で必要になったときに保険金を給付したり，介護サービスを提供したりします。

☆**公的扶助（生活保護）**…生活が苦しい人々に生活費などを支給して，最低限度の生活を保障します。生活保護法にもとづいて行われます。

☆**社会福祉**…高齢者や身体障害者など，働くことが難しい人々を援助します。

☆**公衆衛生**…国民の健康を保つために病気の予防や環境衛生の改善を進めます。

ポイント

● 国に納める**国税**，地方公共団体に納める**地方税**。**直接税**と**間接税**。

● **財政**→集めた**税金**などを使って，**公共のものやサービス**を提供。

チェック1　次の各問いに答えましょう。

(1) 国に納める税金を何といいますか。　　　　　　　　　　（　　　　　　　）
(2) 国や地方公共団体が行う経済活動を何といいますか。　　（　　　　　　　）

---

② 日本国憲法

授業動画は
こちらから

日本国憲法の3つの原則

日本国憲法は**国の最高の決まり（最高法規）**です。**1946年11月3日に公布され，1947年5月3日に施行されました。**日本国憲法には，**国民主権**，**基本的人権の尊重**，**平和主義**の3つの原則があります。

つけたし 5月3日は憲法記念日，11月3日は文化の日として国民の祝日になっています。

♟国民主権

　国民主権（主権在民）とは，**国の政治のあり方を決める最終的な権限が国民にあるということ**です。国民主権の具体例には，右のようなものがあります。

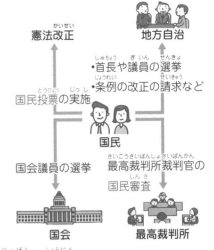

憲法改正
地方自治
・首長や議員の選挙
・条例の改正の請求など
国民投票の実施
国民
国会議員の選挙
最高裁判所裁判官の国民審査
国会
最高裁判所

♟天皇の地位と仕事

　大日本帝国憲法では，天皇に主権がありました。日本国憲法においては，天皇は**日本国や日本国民統合の象徴で，その地位は主権を持つ日本国民の総意にもとづいています**。そして，内閣の助言と承認にもとづいて，日本国憲法で決められた**国事行為**を行います。政治についての権限は持っていません。

もっとくわしく　天皇の国事行為には，内閣総理大臣や最高裁判所長官の任命，国会の召集や衆議院の解散，法律や条約などの公布，総選挙の公示，外国使節のもてなしなどがあります。

♟基本的人権の尊重

　基本的人権とは，**人間らしく生きるために，人が生まれながらにして持つ基本的な権利です**。基本的人権は日本国憲法第11条で，「**おかすことのできない永久の権利**」として，すべての国民に保障されています。基本的人権には，次のようなものがあります。

法の下の平等　居住・移転・職業を選ぶ自由　信教の自由　言論・出版の自由　健康で文化的な生活を送る権利

裁判を受ける権利　教育を受ける権利　働く権利　団結する権利　政治に参加する権利

♟新しい人権

　日本国憲法には明記されていませんが，社会生活が変化していく中で新たに主張され，確立された人権があります。健康で快適な環境を求める**環境権**，国などに情報の公開を求める**知る権利**，個人の情報をみだりに公開されない**プライバシーの権利**，自分自身で生き方を決める**自己決定権**などです。

❧ユニバーサルデザインとバリアフリー

　障害の有無や年齢，性別や国籍などに関わらず，だれにとっても利用しやすい製品やしせつをつくろうとする**ユニバーサルデザイン**の考え方が広まっています。また，高齢者や障害のある人たちが，安全に暮らせるように身体的，精神的，社会的な障害を取り除く**バリアフリー**の取り組みも進んでいます。

❧国民の三大義務

　日本国憲法は，**子どもに普通教育を受けさせる義務，仕事について働く義務，税金を納める義務**の3つを国民の義務として定めています。

❧平和主義

　日本国憲法の**前文**では国際協調主義が宣言され，**第9条では戦争を放棄すること，陸海空軍その他の戦力を持たないこと，国の交戦権を認めないことが定められています。**このように日本国憲法は徹底した**平和主義**をとっています。

> **日本国憲法第9条　戦争の放棄**
> ①日本国民は，正義と秩序を基調とする国際平和を誠実に希求し，国権の発動たる**戦争**と，武力による威嚇又は武力の行使は，国際紛争を解決する手段としては，**永久にこれを放棄する。**
> ②前項の目的を達するため，陸海空軍その他の**戦力**は，これを保持しない。**国の交戦権**は，これを認めない。

　いっぽう，国土の防衛や国内の治安維持などを目的に**自衛隊**が設置されています。自衛隊が日本国憲法の第9条にある戦力を持たないことに違反していないかどうかをめぐって，さまざまな議論があります。

❧非核三原則

　日本は世界でただひとつ，戦争で原子爆弾（原爆）を落とされて大きな被害を受けた国です。そのため，**核兵器を「持たず，つくらず，持ちこませず」という非核三原則をかかげています。**

- ●**国民主権**→国会議員の選挙など。天皇は**日本国や日本国民統合の象徴。**
- ●**基本的人権**→すべての国民が持つ，おかすことのできない**永久の権利。**
- ●**平和主義**→戦争の放棄，戦力の不保持，交戦権を認めないこと。

- -

チェック2　次の各問いに答えましょう。

(1) 天皇は日本国や日本国民統合の何ですか。　　　　　　　　　（　　　　　　　）
(2) 人が生まれながらにして持つ権利を何といいますか。　　　　（　　　　　　　）

レッスン27の力だめし

➡ 解説は別冊p.14へ

1 国家財政の収入（歳入）で多くの割合をしめているものを，次のア〜エからすべて選び，記号を書きましょう。
ア．社会保障関係費　　イ．公債金　　ウ．国庫支出金　　エ．税金（租税）
（　　　　　　　　）

2 日本国憲法の3つの原則は，基本的人権の尊重，平和主義ともうひとつは何ですか。
（　　　　　　　　）

3 天皇が内閣の助言と承認にもとづいて行う，日本国憲法で決められた仕事を何といいますか。
（　　　　　　　　）

4 障害の有無や年齢，性別や国籍などに関わらず，だれにとっても利用しやすい製品やしせつをつくろうとすることを何といいますか。
（　　　　　　　　）

5 国民の三大義務は，子どもに普通教育を受けさせる義務，仕事について働く義務ともうひとつは何ですか。
（　　　　　　　　）

6 次の文章の（　　）にあてはまる数字や言葉を書きましょう。
　日本国憲法の前文では国際協調主義が宣言され，第（　①　）条では戦争を放棄すること，陸海空軍その他の（　②　）を持たないこと，国の（　③　）を認めないことが定められています。このように日本国憲法は徹底した（　④　）主義をとっています。いっぽう，国土の防衛などを目的に設置された（　⑤　）が，日本国憲法の第（　①　）条にある（　②　）を持たないことに違反していないかどうかをめぐって，さまざまな議論があります。
①（　　　　　　　）　②（　　　　　　　）
③（　　　　　　　）　④（　　　　　　　）
⑤（　　　　　　　）

レッスン 28 日本と世界をつなぐもの
［6年／日本と関係の深い国々］

このレッスンのはじめに♪

　世界には190をこえる国があります。中には日本からとても近いところにある国，古くから交流がある国，文化などの面で共通するところが多い国，重要な貿易相手国などがあります。ここでは日本と関係が深い国々について，産業や日本とのつながりなどをくわしく見ていきましょう。

　また，日本はどんな国際協力を行っているのか，世界の人々はどんなかたちで交流を深めているのかについても，おさえておきましょう。

1 日本と関係が深い国々

中華人民共和国（中国）

中国は面積が世界第4位，**人口は約14億人で世界一です。**（2018年）人口の増加をおさえるために夫婦1組に子どもを1人までとする**一人っ子政策**をとってきました。人口の90％以上は**漢民族（漢族）**で，ほかに50をこえる少数民族が住んでいます。

中国は南部の沿岸部に**経済特区**をつくって，外国企業を積極的に受け入れました。経済特区は貿易にかかる税金が免除されるなどの特権があります。こうした政策の結果，**中国の工業は急速に発達して製品の輸出が増え，経済も発展しました。** 現在，中国は日本の**最大の貿易相手国**です。

日本と中国は古くからつながりがありました。**漢字**や米づくり，お茶や漢方薬，筆やすみなど，多くのものが中国から日本に伝わりました。

▲中国と韓国の位置

▲日本と中国との貿易

| 日本の輸入 19.2兆円 | 機械類 46.3% | 衣類 10.1 | 家具 2.4 | がん具 2.2 | 金属製品 3.5 | その他 |

| 日本の輸出 15.9兆円 | 機械類 45.8% | 自動車部品 5.5 | 科学光学機器 5.2 | 有機化合物 4.9 | プラスチック 5.2 | その他 |

(2018年)(2019/20年版「日本国勢図会」)

大韓民国（韓国）

韓国は朝鮮半島の南部にある国です。1948年に**朝鮮民主主義人民共和国（北朝鮮）**と分裂して独立しました。韓国は**日本に最も近い国のひとつ**です。日本は古くから朝鮮半島と交流がありました。現在も韓国との貿易がさかんで，まんがや音楽，テレビドラマや映画など，文化の面でも深いつながりを持っています。

韓国の人々は上下の礼儀などを重視する**儒教**の教えを大切にしています。また，**ハングル**という独自の文字を使い，家には**オンドル**という伝統的な床暖房があります。女性の民族衣装は**チマ・チョゴリ**，男性の民族衣装はパジ・チョゴリと呼ばれます。米が主食で，**キムチ**などの食文化は日本にも広まっています。

つけたし 韓国は工業化が進み，半導体や自動車，船をつくる工業がさかんです。

サウジアラビア

サウジアラビアは国土の多くが**砂漠**におおわれた国です。国民のほとんどは**イスラム教**を信仰し，国内にはイスラム教の聖地メッカがあります。イスラム教は**ムハンマド**が開いた宗教で，1日5回聖地メッカの方向に向かっていのりをささげること，豚肉を食べないこと，ラマダン（イスラムの暦の9月）の断食などの教えがあります。

▲サウジアラビアの位置

サウジアラビアは**石油**の産出量が世界有数で，**日本にとっては最大の石油の輸入先となっています。**
（2018年）

🌐アメリカ合衆国

アメリカは面積が世界第3位で，人口も約3億人で世界第3位です。（2018年）ヨーロッパ系，アフリカ系やアジア系，先住民の**ネイティブアメリカン**など，多くの民族が暮らす**多民族国家**で，近年は**ヒスパニック**の移住が増えています。

広大な土地を利用した**大規模な農業**がさかんで，小麦やとうもろこし，大豆などをつくり，多くの食料を輸出して，**「世界の食料庫」**と呼ばれています。また，**世界最大の工業国**でもあり，航空宇宙産業やコンピューター関連産業などの**ハイテク産業（先端技術産業）**がさかんです。

野球やバスケットボールなどのスポーツが人気で，ハンバーガーやジーンズ，ジャズやロックなどのアメリカ文化は世界に広がっています。**日本とも強いつながりがあり，重要な貿易相手国です。**

▲アメリカ合衆国の位置

日本の輸入 9.0兆円　機械類 28.1%　医薬品 5.1　航空機類 5.3　科学光学機器 5.1　液化石油ガス 4.8　その他

日本の輸出 15.5兆円　機械類 36.3%　自動車 29.2　自動車部品 6.0　航空機部品 2.4　科学光学機器 2.2　その他

（2018年）（2019/20年版「日本国勢図会」）
▲日本とアメリカ合衆国との貿易

もっとくわしく ヒスパニックとは中央アメリカや南アメリカからやってきたスペイン語を話す移民です。

🌐ブラジル

ブラジルは地球上で日本の反対側にある国です。世界一の流域面積を持つ**アマゾン川**が流れ，周辺には**熱帯林（熱帯雨林）**が広がっています。さまざまな民族が暮らす国で，かつて日本から多くの人が移住したため，**日系人**も多く住んでいます。

農業では，**コーヒー豆**の生産量が世界一です。近年は工業も発展しています。しかし，アマゾン川流域では開発にともなう**熱帯林の減少が環境問題**となっています。

▲ブラジルの位置

🌐その他の国々

世界にはほかにもさまざまな特色を持った国があります。

☆**エジプト**…アフリカ大陸にあり，世界一長い**ナイル川**が流れる国です。大部分が砂漠で，古代にはエジプト文明が栄えました。

☆**イタリア**…ヨーロッパにある長ぐつのような形をした国です。**EU（ヨーロッパ連合）**の加盟国のひとつです。首都ローマの市内には，面積が世界最小の**バチカン市国**があります。日本には衣類やバッグ類が多く輸出されています。

☆**オーストラリア**…南半球の国で，日本とは季節が逆です。ヨーロッパ系（白人）が多く，先住民の**アボリジニ（アボリジニー）**も暮らしています。石炭や鉄鉱石などの資源が豊富で，日本にも多く輸出しています。

ここをチェック

EU（ヨーロッパ連合）
ヨーロッパの国々が経済的・政治的な結び付きを強めようと結成した組織。共通通貨ユーロの導入など，さまざまな取り組みを行っています。

●**中国**は日本の**最大の貿易相手国**。**韓国**は日本に最も近い国のひとつ。
●**サウジアラビア**は**イスラム教**が国教。**ブラジル**では**熱帯林の減少**が問題に。
●**アメリカ合衆国**は**世界最大の工業国**。日本の重要な貿易相手国。

チェック 1　次の各問いに答えましょう。

(1)　現在，日本の最大の貿易相手国はどこですか。　　　　　　　　（　　　　　　　）

(2)　「世界の食料庫」と呼ばれる国はどこですか。　　　　　　　　（　　　　　　　）

② 日本が世界で果たす役割

授業動画はこちらから

日本の国際こう献

経済大国である日本は，産業や経済の発展が十分でない**発展途上国**（開発途上国）に対して，経済援助や技術協力を行っています。その代表的なものが**ODA（政府開発援助）**です。ODAは**発展途上国に対して，先進国の政府が行う経済援助**で，相手国との間で直接行う二国間援助と，ユニセフなどの国際機関を通じて行う多国間援助があります。

日本のODAのひとつとして，**JICA（国際協力機構）**が実施する**青年海外協力隊**の活動があります。青年海外協力隊の隊員は発展途上国などに派遣され，教育，保健・医療，農林水産などの分野で指導を行い，現地の人々といっしょにその国の発展を目指しています。JICAは，海外で大きな自然災害が起こったときに**国際緊急援助隊**を派遣しています。

ヨーロッパ 0.3
オセアニア 0.7
中南アメリカ 2.0
中東・北アフリカ 11.5
中南アフリカ 14.8
アジア 63.9%
その他
（2013年）
（外務省）
▲日本のODAの相手地域

NGOの活動

　民間の国際援助組織であるNGO（**非政府組織**）は，医療や人権の救済，環境保全など，幅広い分野で社会にこう献し，世界中で活動しています。NGOは利益を目的としていません。活動に必要なお金は募金や寄付金でまかなわれており，たくさんの**ボランティア**もその活動を支えています。次に挙げるのは主なNGOです。

☆**国境なき医師団**…国境をこえて，紛争地域や生活が苦しい人々が多く住む地域で医療活動を行っています。1999年にノーベル平和賞を受賞しました。

☆**AMDA（アジア医師連絡協議会）**…日本で生まれた組織で，現在は世界中の紛争地域や自然災害の発生地で医療などの緊急援助活動を行っています。

☆**難民を助ける会（AAR Japan）**…日本に来る難民を支援しようと設立された組織で，現在は紛争地域などでの緊急支援，**地雷対策**などを行っています。

☆**アムネスティ・インターナショナル**…自らの信念や宗教，人種などを理由に囚われている人々の釈放や，死刑制度の廃止などをうったえています。

世界の人々の交流

　世界の人々は文化やスポーツを通じて，言葉や宗教などのちがいを飛びこえて交流し，理解を深め合っています。これを**国際交流**といいます。4年に1回開かれるスポーツ大会の**オリンピック**と**パラリンピック**には，たくさんの国の選手が参加します。多くの場合，表彰式では第1位〜3位の選手（チーム）の国の**国旗**がかかげられます。そして，第1位の選手（チーム）の国の**国歌**が演奏されます。**国旗と国歌に対しては，各国がたがいに尊重し合い，十分敬意をはらうことが重要です。**国籍や宗教，民族や文化などがちがっても，おたがいに尊重し合って暮らしていく**多文化共生社会（多文化社会）**を目指すことが求められています。

日本の国旗は日章旗（日の丸），国歌は「君が代」と法律で定められているよ。

ポイント

●日本の国際こう献→**青年海外協力隊**などの**ODA（政府開発援助）**，**国境なき医師団**や**難民を助ける会**などの**NGO（非政府組織）**が活動。

チェック 2　次の各問いに答えましょう。

(1)　政府開発援助を略して何といいますか。　　　　　　　　　　（　　　　　　　）

(2)　非政府組織を略して何といいますか。　　　　　　　　　　　（　　　　　　　）

レッスン28の 力だめし

 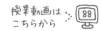

➡ 解説は別冊p.14へ

1 次の①～⑤の文章が説明している国を，あとのア～オからそれぞれ選び，記号を書きましょう。

① 国土の多くが砂漠におおわれています。国民のほとんどはイスラム教を信仰し，国内にはイスラム教の聖地メッカがあります。

（　　　）

② 世界一の流域面積を持つアマゾン川が流れ，周辺には熱帯林（熱帯雨林）が広がっています。かつて日本から多くの人々が移住したため，今も日系人が多く住んでいます。

（　　　）

③ 大規模な農業がさかんで小麦や大豆などをつくり，多くの食料を輸出して，「世界の食料庫」と呼ばれています。世界最大の工業国でもあります。

（　　　）

④ 人口は約14億人で世界一です。人口の増加をおさえるために夫婦1組に子どもを1人までとする一人っ子政策をとっていました。

（　　　）

⑤ 日本に最も近い国のひとつです。女性の民族衣装をチマ・チョゴリ，男性の民族衣装をパジ・チョゴリといい，キムチなどの食文化が有名です。

（　　　）

| ア．中華人民共和国（中国） | イ．サウジアラビア | ウ．ブラジル |
| エ．大韓民国（韓国） | オ．アメリカ合衆国 | |

2 発展途上国（開発途上国）に対して，先進国の政府が行う経済援助を何といいますか。

（　　　）

3 JICA（国際協力機構）が実施する，日本の青年を発展途上国などに派遣して，教育などの分野で現地の人々に指導を行う活動を何といいますか。

（　　　）

4 国籍や宗教，民族や文化などがちがっても，おたがいに尊重し合って暮らす社会を何といいますか。

（　　　）

レッスン29 一人ひとりができること

[6年／世界の平和と日本の役割]

このレッスンのはじめに♪

　世界の190をこえる国が加盟している国際連合は、世界の平和と安全を維持すること、国際交流をさらに進めることなどを目的にさまざまな活動をしています。ユニセフなどの機関がありますが、国際連合はどんなしくみになっているのか、ほかにもどんな活動をしているか、くわしく見ていきましょう。

　また、世界には地域紛争やテロなどの国際問題、地球温暖化などの環境問題があります。これらの問題についても、しっかりおさえておきましょう。

1 国際連合のしくみと活動

国際連合のしくみ

国際連合（国連）は世界の平和と安全を守るために，1945年10月，51か国で発足しました。国際連合の目的や活動については，**国際連合憲章**に定められています。日本は1956年に国際連合に加盟しました。現在は世界の190をこえる国が加盟しています。**国際連合は総会などの主要機関と，ユネスコなどの専門機関などから成り立っています。**国際連合の活動費は，加盟国が負担する**国連分担金**に支えられています。

つけたし 国際連合の本部は，アメリカのニューヨークにあります。

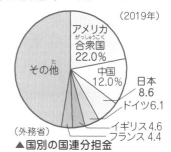

（2019年）

アメリカ合衆国 22.0%
中国 12.0%
日本 8.6
ドイツ 6.1
イギリス 4.6
フランス 4.4
その他

（外務省）
▲国別の国連分担金

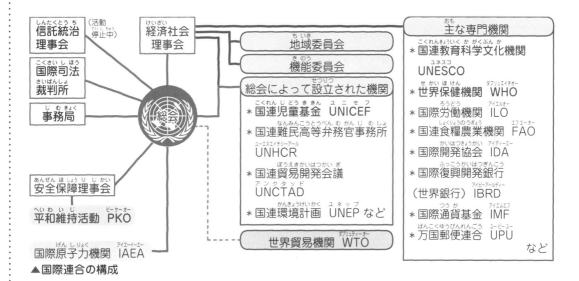

▲国際連合の構成

信託統治理事会（活動停止中）
経済社会理事会
地域委員会
機能委員会
総会によって設立された機関
＊国連児童基金 UNICEF
＊国連難民高等弁務官事務所 UNHCR
＊国連貿易開発会議 UNCTAD
＊国連環境計画 UNEP など
国際司法裁判所
事務局
総会
安全保障理事会
平和維持活動 PKO
国際原子力機関 IAEA
世界貿易機関 WTO

主な専門機関
＊国連教育科学文化機関 UNESCO
＊世界保健機関 WHO
＊国際労働機関 ILO
＊国連食糧農業機関 FAO
＊国際開発協会 IDA
＊国際復興開発銀行（世界銀行）IBRD
＊国際通貨基金 IMF
＊万国郵便連合 UPU
など

国際連合の主要機関

☆**総会**…すべての加盟国の代表が参加する**国連の中心機関**です。年に1度，9月から開かれる**通常総会（定期総会）**のほか，特別総会，緊急特別総会があります。原則1国1票による**多数決制**で議決されます。

☆**安全保障理事会（安保理）**…**5常任理事国（5大国）**のアメリカ，ロシア，イギリス，フランス，中国と，**10か国の非常任理事国**で構成されており，世界平和のために中心的な役割を果たしています。重要事項の議決については，**5大国一致の原則があり，5大国のうち，1つの国でも反対するとその議案は決定されません。**5大国が持つこの権利を**拒否権**といいます。

☑ここをチェック

5大国一致の原則

安全保障理事会では，5大国をふくむ9か国以上の賛成で初めて議決されます。拒否権により，安全保障理事会が機能しないこともあります。

☆**経済社会理事会**…ユネスコなどの**専門機関**と協力して，経済や社会，文化や教育などの面で国際協力を進め，生活水準の向上などを目指しています。

☆**国際司法裁判所**…国と国との間の法的な争いごとを裁きます。

☆**事務局**…国際連合の各機関の運営や事務を担当します。各国から派遣された**国際公務員**が働いています。最高責任者は事務総長です。

🔸国際連合のさまざまな機関

国際連合には経済社会理事会と深く結び付いて活動しているユネスコなどの専門機関や，総会によって設立されたユニセフなどの機関があります。

☆**ユネスコ (UNESCO，国連教育科学文化機関)**…教育，科学，文化の面で国際協力を進め，世界の平和と安全をはかることを目的としています。世界的に貴重な自然や建造物などを守るために，世界遺産の登録を行っています。

☆**ユニセフ (UNICEF，国連児童基金)**…食料不足や病気，戦争などで苦しい生活をしている世界中の子どもたちを支援する活動をしています。1989年に採択された**子どもの権利条約 (児童の権利に関する条約)** の内容は，ユニセフの活動の中心的な考え方となっています。

☑ここをチェック

子どもの権利条約
子どもたちが幸せに生きる権利を定めた条約。満18歳未満の「子ども」の生きる権利，育つ権利，守られる権利，参加する権利を保障しています。

☆**国連難民高等弁務官事務所 (UNHCR)**…地域紛争などによって，住んでいた国や地域をはなれざるをえなくなった人々 (**難民**) を保護して，自分の意思による帰国や，ほかの地域・国へ住むことを助ける活動をしています。

🔸平和維持活動 (PKO)

国際連合は，世界の紛争地域などに**平和維持軍 (PKF，平和維持隊)** を派遣して，停戦状態を監視したり，選挙が公正に行われているかを確認しています。このような活動を**平和維持活動 (PKO)** といいます。日本も**国連平和維持活動協力法 (国際平和協力法，PKO協力法)** を制定し，この活動に協力しています。自衛隊を海外に派遣して，道路をほ装したり，飲み水を支給したりしています。

ポイント
●**国際連合**→世界の平和と安全を守るために設立。190をこえる加盟国。
●**主要機関**→全加盟国が参加する**総会**，中心的な役割の**安全保障理事会**など。
●**そのほかの機関**→**ユネスコ**や**ユニセフ**，**国連難民高等弁務官事務所**など。

2 世界がかかえる問題

授業動画はこちらから

さまざまな地球環境問題

　石炭や石油などの使いすぎや，自動車の排出ガスなどによって，地球規模で深刻な環境問題が起こっています。次に挙げるのは主な**地球環境問題**です。

☆**地球温暖化**…石油や石炭などを大量に燃やすことで，**二酸化炭素などの温室効果ガスが増え，地球の気温が上昇しています**。これにより，極地の氷がとけて海面が上がり，ツバルなどの島国は国土が海にしずむおそれがあります。

☆**熱帯（雨）林の減少**…木材の輸出や開発のための森林伐採，焼畑農業などによって熱帯林が減少しています。南アメリカの**アマゾン川周辺**などで深刻です。

☆**砂漠化**…森林を切りすぎたり，放牧をしすぎたりしたことや，日照りの害などが原因で砂漠が広がっています。サハラ砂漠の南のふちの**サヘル**で深刻です。

☆**酸性雨**…酸性度の高い雨によって，**森林がかれたり，銅像がとけたり，湖の魚が死んだりしています**。工場や自動車からの排出ガスなどにふくまれる**窒素酸化物**や**硫黄酸化物**などが増えたことが原因です。

☆**オゾン層の破壊**…かつてスプレーかんや冷蔵庫などに使われていた**フロン**などの化学物質によって，地球の上空に広がるオゾン層が破壊されています。オゾン層が破壊されると，**人体に有害な紫外線が直接地表に届いてしまいます**。

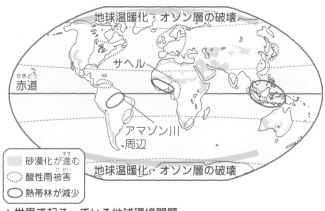

地球環境問題は，世界の国々が協力して解決方法を考えなくてはいけないね。自分にできることは何だろう？

▲世界で起こっている地球環境問題

つけたし 大気汚染が国境をこえて問題となっています。

環境問題への取り組み

　世界中が協力して，地球環境問題を解決するための取り組みが進められています。国際連合は国際会議を開いて，地球環境問題を話し合う場を設けています。

　例えば，1992年にブラジルのリオデジャネイロで開かれた**国連環境開発会議（地球サミット）**では，**持続可能な開発**を達成できるように，世界の環境保全のあり方や具体的な行動目標などが示されました。また，地球温暖化の防止を目的に**気候変動枠組条約（地球温暖化防止条約）**が採択されました。

つけたし　「持続可能な開発」とは，現在だけでなく将来に生きる人々のことを考えたうえで，環境保全と開発を両立させながら発展をはかることです。この考えをもとに，持続可能な社会が目指されています。

世界のさまざまな問題

　アフリカなどを中心に，食料が足りず，**飢え**に苦しむ人々がたくさんいます。また，第二次世界大戦が終わったあとも，世界各地で宗教や民族のちがいによる対立などから，**地域紛争**が起こっています。地域紛争などが原因となって，住んでいる地域をはなれざるをえなくなった**難民**が増えています。また，政治目的の実現のため，暗殺を行ったり，爆弾で一般市民を無差別に死傷させる**テロリズム（テロ）**が各地で発生しています。

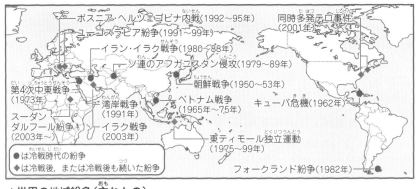

▲世界の地域紛争（主なもの）

つけたし　中東のパレスチナでは，イスラエルを建国したユダヤ人とアラブ系のパレスチナ人との間で，長い間政治的・宗教的な対立が続いています。これをパレスチナ問題といいます。

ポイント

●地球環境問題→地球温暖化，**熱帯（雨）林の減少**，砂漠化，酸性雨など。

●世界のさまざまな問題→飢え，**地域紛争**，難民，**テロリズム（テロ）**など。

チェック2　次の各問いに答えましょう。

(1) アマゾン川周辺で深刻な地球環境問題は何ですか。　　　（　　　　　）

(2) サハラ砂漠の南のふちで深刻な地球環境問題は何ですか。　（　　　　　）

➡ 解説は別冊p.15へ

1 国際連合について、次の図を見てあとの各問いに答えましょう。

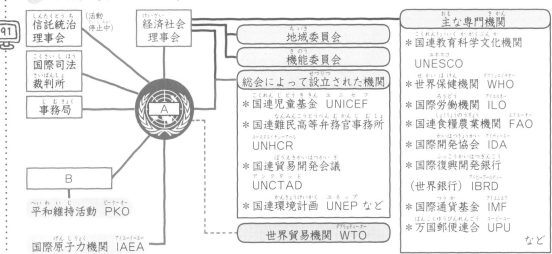

信託統治理事会 （活動停止中）	経済社会理事会
国際司法裁判所	
事務局	

A

B

平和維持活動 PKO

国際原子力機関 IAEA

地域委員会

機能委員会

総会によって設立された機関
* 国連児童基金 UNICEF
* 国連難民高等弁務官事務所 UNHCR
* 国連貿易開発会議 UNCTAD
* 国連環境計画 UNEP など

世界貿易機関 WTO

主な専門機関
* 国連教育科学文化機関 UNESCO
* 世界保健機関 WHO
* 国際労働機関 ILO
* 国連食糧農業機関 FAO
* 国際開発協会 IDA
* 国際復興開発銀行（世界銀行） IBRD
* 国際通貨基金 IMF
* 万国郵便連合 UPU
など

(1) Aは全加盟国の代表が参加する国連の中心機関ですが、何ですか。

（　　　　　　　　）

(2) Bは5大国と呼ばれる常任理事国と、10か国の非常任理事国で構成され、世界平和のために中心的な役割を果たしています。この機関は何ですか。

（　　　　　　　　）

(3) 次の①〜③の活動をしている機関を図中から選んで書きましょう。
① 苦しい生活をしている世界中の子どもたちを支援しています。

（　　　　　　　　）

② 住んでいた国や地域をはなれざるをえなくなった人々を保護して、自分の意思による帰国や、ほかの地域・国へ住むことを助けています。

（　　　　　　　　）

③ 世界遺産の登録を行っています。

（　　　　　　　　）

2 次のア〜エのうち、二酸化炭素などの温室効果ガスの増加が原因で起こっている地球環境問題はどれですか。記号を書きましょう。
ア．熱帯林の減少　　イ．砂漠化　　ウ．オゾン層の破壊　　エ．地球温暖化

（　　　　　　　　）

…これは…？

ついに
もどるべきときが
来てしまったか…

ワシは実は精霊の国の長老

タマとクロは
あとつぎ候補であり…

人間界には
社会勉強に
来ていたのじゃ

ネコのトップ!?

精霊です

あきこちゃん

私たちどこでもいいから
人間の家に入りこもうと
思ってたけど…

飼いネコに
なりたかったの？

社会勉強にね

ぐうぜん会ったあきこちゃんを
見て「この子がいい」って
思ったの

な、なんで？

それは

勉強ぎらいで
だらしない子なら
私もいっしょに
サボれると
思ったから…

タマ…
私のこと
そんな風に
思ってたんだ

ガ

「できる子」だと
人間もこんなに
がんばってるんです

我々も
がんばりましょう

ってクロが言いそうだった

だけどそんなあきこちゃんですら
ちゃんと勉強してるのを見て
私もそろそろあとつぎ候補として
まじめにやらなきゃって思ってた

ひどい

それでギリギリまで
サボるつもりだったけど

こうして呼ばれた以上
国にもどらなきゃ

タマ…
ネコの国の女王様に
なるんだね…

今まで本当に

ありがとう…

さくいん

イラスト：もぐら

デザイン：山本光徳

データ作成：株式会社四国写研

図版作成：有限会社熊アート

動画授業：齊藤貴祐（市進学院）

動画編集：ジャパンライム株式会社

ＤＶＤプレス：東京電化株式会社

製作
やさしくまるごと小学シリーズ製作委員会
（宮﨑 純，細川順子，小椋恵梨，難波大樹，延谷朋実，髙橋龍之助，石本智子）

編集協力
野口光伸，高木直子，佐野秀好，たくみ堂，
稲葉友子，内山とも子，小林浩子，西岡小央里

写真協力：株式会社アフロ，学研写真資料センター

『やさしくまるごと小学』シリーズ
授業動画DVD-BOX　発売のお知らせ

商品コード：3100002759

商品コード：3100002761

商品コード：3100002762

商品コード：3100002760

商品コード：3100002763

各価格8,580円（本体7,800円＋税10%）　送料無料

本書の授業動画はすべてYouTubeで無料視聴が可能ですが，
すべての動画をDVDに収録したDVD-BOXも販売しております。

・ご自宅にインターネットの環境がない。
・お子さまにパソコンやスマホはまだ使わせたくない。
・リビングのTVの画面で動画授業を見せたい。

上記のようなご要望のある方は，ぜひ以下のURLまたはQRコードより
DVD-BOXの商品紹介ページをご覧いただき，ご購入をご検討ください。

https://gakken-ep.jp/extra/yasamaru_p/movie.html

パチパチパチパチ

やさしくまるごと
小学 社会 改訂版

別冊

オホホホホ

← 軽くのりづけされていますので，ゆっくりと取りはずしてお使いください。

能だよ

Gakken

レッスン1 まちたんけんに出発だ!!

チェック 1
(1)北　(2)公共しせつ

解説

(1) **方位記号がある場合は，方位記号の矢印が向いているほうが北です。**

ポイント 地図の方位→方位記号がある場合は，方位記号の矢印が向いているほうが北，方位記号がない場合は上が北です。

チェック 2
(1)郵便局　(2)図書館

解説

(2) 学校の図書室を利用するのもよいでしょう。

レッスン1 の力だめし

1. (1)方位じしん　(2)北
2. エ
3. ①警察署　②病院　③神社
④工場　⑤図書館　⑥畑
4. 縮尺　　5. ア
6. ウ

解説

1. 方位じしんは平らな場所に置いて使いましょう。
3. ③**神社（⼤）と寺（卍）の地図記号はまちがえやすいので気をつけましょう。**
6. ほかにも，市役所や図書館などの公共しせつが多いなどの特色があります。

レッスン2 ものを売る人，つくる人

チェック 1
(1)バーコード　(2)産地

解説

(2) スーパーマーケットは，国内だけでなく外国の産地からも商品を仕入れます。

チェック 2
(1)農事ごよみ　(2)原料

解説

(2) 工場はさまざまな原料から，工業製品をつくっています。

レッスン2 の力だめし

1. (1)駐車場　(2)ちらし
2. ア，ウ（順不同）
3. ①エ　②イ　③ウ　④ア
4. たいひ
5. ①えいせい　②白

解説

2. ほかにも，**商品が入っていた，だんボール箱から産地を調べることができます。**
3. ②コンビニエンスストアでは，コピーをとったり，電気代などをしはらったりすることもできます。
4. **たいひは牛のふんや，もみがら，わらなどを混ぜて発こうさせた肥料で，環境にやさしく，土の力を弱らせません。**
5. 食品工場で働く人は，おいしくて安全な製品をつくるために，えいせい面に特に気をつけています。

レッスン3　昔の暮らし，今の暮らし

チェック 1
(1)きょう土しりょう館（きょう土参考館，はくぶつ館）　(2)年表

解説
(1)　きょう土しりょう館では，昔の道具や暮らしについて調べることができます。

チェック 2
(1)伝統芸能（きょう土芸能）
(2)年中行事

解説
(2)　年中行事には，ももの節句（ひな祭り），たんごの節句，おぼんなどがあります。

レッスン3 の力だめし

1　(1)せんたく
(2)エ→イ→ア→ウ
2　年表
3　伝統的工芸品
4　伝統文化
5　①イ　②ウ

解説
1　便利なせんたく機が広まったことで，家事にかかる時間は短くなりました。
3　伝統的工芸品には，ほかにも織物や染め物，ぬり物などがあります。
4　ほかに，伝統的工芸品なども伝統文化にふくまれます。
5　アは七五三という年中行事の説明です。

レッスン4　まちを守るのはだれ？

チェック 1
(1)119番　(2)防火服

解説
(1)　事故や事件のときにかける110番とまちがえないようにしましょう。

ポイント　火事や救急のときは119番，事故や事件のときは110番に電話をかけます。

チェック 2
(1)110番
(2)通信指令室（通信指令センター）

解説
(2)　通信指令室は，事故や事件の現場に近い警察署などに連らくします。

レッスン4 の力だめし

1　(1)119番　(2)通信指令室（指令室，通信指令課）　(3)警察署
2　ウ　　3　防災ぶくろ（非常持ち出しぶくろ）
4　ア，エ（順不同）　　5　エ

解説
2　火災報知器ともいいます。
4　イは救急隊員の仕事，ウは消防士や消防団員の仕事です。
5　エは点字ブロックで，目が不自由な人を安全にゆう動するためのプレートです。

レッスン5 水はどこから？ごみはどこへ？

チェック 1
(1)浄水場　(2)水力発電

解説

(1)　浄水場では薬品や機械を使って，安全な水かどうか水質検査を行っています。

チェック 2
(1)資源ごみ（資源物）
(2)収集車（パッカー車）

解説

(1)　ほかに食品トレイや古紙なども資源ごみに分けられます。

レッスン5 の力だめし

1　浄水場　　2　ダム
3　水源の森
4　下水処理場（下水処理しせつ，浄化センター）
5　①分別　②清掃工場
③処分場（最終処分場，うめ立て場）
④資源　　6　①ウ　②イ　③ア

解説

3　水源の森林や「緑のダム」とも呼ばれます。

5　もえるごみはもやすごみ，資源ごみは資源物とも呼ばれます。

ポイント　もえるごみは清掃工場へ，資源ごみはリサイクルプラザ（資源化センター）などに運ばれます。

6　まとめて３R（スリーアール）と呼ばれます。

レッスン6 1都1道2府43県？

チェック 1
(1)47　(2)北海道地方　(3)宇都宮市

解説

(1)　47都道府県は1都1道2府43県からなります。

チェック 2
(1)北海道　(2)鳥取県

解説

(1)　面積が2番目に大きい都道府県は，岩手県です。

レッスン6 の力だめし

1　(1)①北海道　②宮城県
③神奈川県　④愛知県　⑤兵庫県
⑥愛媛県　(2)①北海道地方
②東北地方　③関東地方　④中部地方
⑤近畿地方　⑥中国・四国地方
(3)①札幌市　②仙台市　③横浜市
④名古屋市　⑤神戸市　⑥松山市
2　(1)香川県　(2)東京都
(3)沖縄県　(4)長野県

解説

1　7地方区分や都道府県名と都道府県庁所在地名がちがうところは，しっかり覚えておきましょう。

2　(4)　長野県は新潟県，富山県，岐阜県，愛知県，静岡県，山梨県，埼玉県，群馬県の8つの県と接しています。

レッスン7 日本は地球のどこにあるの？

チェック 1
(1)ユーラシア大陸　(2)ロンドン

解説
(2)　ロンドンはイギリスの首都で，経度0度の本初子午線が通ります。

チェック 2
(1)領空　(2)沖ノ鳥島

解説
(2)　沖ノ鳥島は東京都に属します。

ポイント 南鳥島は日本の南のはしではなく，東のはしです。

レッスン7 のカだめし

1 (1)①ユーラシア
②オーストラリア　(2)太平洋
(3)ⓘ中華人民共和国（中国）
ⓤブラジル
2 ①緯度　②経度
3 ①エ　②ア
4 北方領土
5 ①3　②短く　③急

解説
1 (1)　ユーラシア大陸は最も大きい大陸，オーストラリア大陸は最も小さい大陸です。
3 イの南鳥島は日本の東のはし，ウの沖ノ鳥島は日本の南のはしです。
5 山地には，山脈，高地，高原，丘陵などがあります。

レッスン8 気候がちがえば暮らしもちがう？

チェック 1
(1)季節風（モンスーン）
(2)つゆ（梅雨）

解説
(1)　日本では，季節風は夏に南東から，冬に北西からふきます。

チェック 2
(1)琉球王国　(2)酪農

解説
(2)　酪農とは，乳牛を飼育して，牛乳やチーズ，バターなどをつくることです。

レッスン8 のカだめし

1 (1)季節風（モンスーン）
(2)あ　(3)い
2 ①雨（降水量）　②台風
③さとうきび　④アメリカ
3 イ
4 ①高原野菜　②輪中

解説
1 夏は南東からふく季節風によって，太平洋側で雨が多くなります。冬は北西からふく季節風によって，日本海側で雪や雨が多くなります。
3 北海道では，十勝平野で畑作，根釧台地で酪農，石狩平野や上川盆地で稲作がさかんです。
4 ①野辺山原では，すずしい気候をいかして乳牛を飼育する酪農もさかんです。

レッスン9　お米はどこから？ 野菜はどこから？

チェック 1
(1)やませ　(2)コンバイン

解説

(1)　やませがふくと気温が上がらず，日照時間も短くなり，稲が十分に育たないことがあります。これを冷害といいます。

チェック 2
(1)山梨県　(2)北海道

解説

(1)　山梨県は，ももの収かく量も全国一です。

レッスン9の力だめし

1　ア，エ(順不同)
2　(1)う　(2)あ　(3)い
3　①耕地整理(ほ場整備)
②たい肥
4　品種改良　5　エ

解説

2　農業機械が広まり，農作業にかかる時間は大はばに短縮されました。

ポイント　田おこしとしろかきのときにはトラクター，田植えのときには田植え機，稲かりのときにはコンバインが使われます。

3　②たい肥は，ぶたのふんなどと，もみがら，わらを混ぜて発こうさせた肥料です。
5　みかんは和歌山県のほか，愛媛県や静岡県などでさかんに栽培されています。

レッスン10　お魚大国，日本

チェック 1
(1)潮目(潮境)　(2)せり

解説

(1)　潮目には海流にのってたくさんの魚が集まり，好漁場となっています。

チェック 2
(1)大豆　(2)地産地消

解説

(1)　大豆は，しょうゆやみそ，とうふなどの原料となります。

レッスン10の力だめし

1　大陸だな
2　(1)沖合漁業
(2)200海里水域(排他的経済水域)
(3)とる漁業
3　(1)養殖業(養殖漁業)
(2)栽培漁業
4　ア，エ(順不同)
5　産地直送

解説

2　(1)　沖合漁業の漁かく量は1990年代から大きく減りました。　(2)　200海里経済水域ともいいます。この水域内の水産資源などはその水域に権利をもつ沿岸国にとる権利があります。

3　養殖業(養殖漁業)と栽培漁業を合わせて，育てる漁業(つくり育てる漁業)といい，近年力を入れて行われています。

レッスン11 自動車はどうやってつくるの？

チェック 1
(1)ロボット（産業用ロボット）
(2)現地生産（海外生産）

解説
(2) **現地生産を行うことで，生産や輸送にかかる費用をおさえることができるなどのよい点があります。**

チェック 2
(1)重化学工業　(2)せんい工業

解説
(2) せんい工業・食料品工業・その他の工業を合わせて，軽工業といいます。

レッスン11 の力だめし

1 ウ→オ→ア→イ→エ
2 関連工場（部品工場）　3 イ
4 (1)①阪神　②中京　③京浜
(2)太平洋ベルト

解説
1 完成した自動車は，キャリアカーや自動車運搬船を利用して各地へ運びます。

ポイント 自動車をつくるときの作業の順番は，プレス→溶接→とそう→組み立て→検査→出荷です。

4 (1) ②中京工業地帯は愛知県を中心に広がります。　(2) **関東地方南部から九州地方北部にかけての海沿いに広がる工業がさかんな地域を，太平洋ベルトといいます。**

レッスン12 人や物はどうやって運ぶの？

チェック 1
(1)中小工場　(2)産業の空洞化

解説
(2) 国内の工場が閉鎖され，国内でものをつくる力がおとろえてしまっています。

チェック 2
(1)自動車
(2)中国（中華人民共和国）

解説
(2) **かつてはアメリカ合衆国が最大の貿易相手国でした。**

レッスン12 の力だめし

1 (1)大工場　(2)中小工場
2 エ
3 (1)①機械類　②自動車
③石油　(2)加工貿易
4 ア

解説
1 (2) **工業生産額では，大工場のほうが中小工場よりやや多くなっています。**

2 石油はタンカーで運ばれます。

ポイント 船ではかさばる物や重い貨物，航空機では魚介類や，ICなどの電子部品など軽くて高価な物を運びます。

4 火力発電は，石炭や天然ガスを燃やして発電します。二酸化炭素を多く排出し，地球温暖化の原因となるのが問題です。

レッスン13 情報は世界をめぐる!!

チェック 1
(1)メディア
(2)ＮＨＫ（日本放送協会）

解説
(2) いっぽう，民間放送局はスポンサー（広告主）からの広告料によって番組をつくっています。

チェック 2
(1)電子カルテ　(2)著作権

解説
(2) 情報を発信するときは，著作権や個人情報，プライバシーなどの取りあつかいに十分気をつけなくてはいけません。

レッスン13の力だめし

1　①ウ　②エ　③イ　④ア
2　インターネット
3　情報通信技術（ICT，IT）
4　緊急地震速報
5　バーコード
6　情報格差（デジタルデバイド）
7　メディアリテラシー

解説
1　④インターネットは，ほかに個人でも情報を発信できる特ちょうがあります。
5　バーコードは宅配便の荷物の管理などにも利用されています。
6　高齢者と若い人との間にも，情報格差（デジタルデバイド）があります。

レッスン14 森林がつくりだすもの

チェック 1
(1)天然林　(2)緑のダム

解説
(2) 森林は雨水を地下水としてたくわえて，少しずつ流し出す働きがあります。

チェック 2
(1)東日本大震災
(2)環境基本法

解説
(1) 東北地方太平洋沖地震ともいいます。

レッスン14の力だめし

1　白神山地
2　エ→ア→ウ→オ→イ
3　イ　　4　防災
5　①水俣病　②イタイイタイ病
　③四日市ぜんそく
　④新潟水俣病（第二水俣病）
6　環境モデル都市

解説
5　四大公害病は1950年代から1960年代に発生しました。

ポイント　四大公害病→水俣病，イタイイタイ病，四日市ぜんそく，新潟水俣病（第二水俣病）。

6　福岡県の北九州市や熊本県の水俣市などが環境モデル都市に選定されています。

レッスン15 遺跡や古墳が伝えるもの

チェック 1
(1)土偶　(2)高床の倉庫

解説

(2)　高床倉庫，高床式倉庫などともいわれます。湿気を防ぐことができます。

チェック 2
(1)前方後円墳　(2)渡来人

解説

(2)　渡来人は漢字や儒教，仏教，土木技術などを日本に伝えました。

レッスン15の力だめし

1　①縄文　②たて穴住居　③磨製
④貝塚　2　ウ，エ（順不同）
3　金印　4　卑弥呼
5　①大仙（大山，仁徳陵）
②はにわ　6　大和政権

解説

2　銅鐸や銅鏡などの青銅器は主に祭りの道具として使われました。

ポイント　弥生時代には大陸から銅鐸，銅鏡，銅剣などの青銅器や鉄器が日本に伝わりました。

3　金印には「漢委奴国王」と刻まれています。

6　連合してつくった政権が大和政権で，その政府が大和朝廷です。大和朝廷は大王（おおきみ）を中心に政治を行いました。

レッスン16 天皇中心の国づくりって？

チェック 1
(1)聖徳太子　(2)法隆寺

解説

(2)　法隆寺は現存する世界最古の木造建築で，釈迦三尊像や玉虫厨子などの貴重な工芸品が残されています。

チェック 2
(1)租　(2)大宝律令

解説

(2)　大宝律令の制定により，天皇を頂点として全国を支配する中央集権国家のしくみが完成しました。

レッスン16の力だめし

1　(1)摂政　(2)十七条の憲法
(3)遣隋使　2　飛鳥文化
3　①中臣鎌足　②大化の改新
③公地・公民　④戸籍
4　エ　5　国司

解説

1　(1)　摂政は天皇が幼いときなどに，天皇にかわって政治を進める役職です。

(3)　607年，小野妹子らが遣隋使として派遣されました。

3　①中臣鎌足はのちの藤原鎌足です。

5　地方は国・郡・里に分けられ，国ごとに中央の貴族から国司が派遣されました。郡には郡司，里には里長が置かれました。

レッスン 17 平城京から平安京へ

チェック 1
(1)平城京　(2)鑑真(がんじん)

解説
(1)　平城京は唐(とう)（中国(ちゅうごく)）の都(みやこ)である長安(ちょうあん)を参考(さんこう)につくられました。

チェック 2
(1)平安京　(2)遣唐使(けんとうし)

解説
(2)　遣唐使は唐のすぐれた政治制度(せいじせいど)や文化(ぶんか)を学ぶことなどを目的(もくてき)としていました。

レッスン 17 の力だめし

1. ①聖武(しょうむ)　②国分寺(こくぶんじ)　③東大寺(とうだいじ)　④行基(ぎょうき)
2. 正倉院(しょうそういん)
3. ア，ウ（順不同(じゅんふどう)）
4. 摂関政治(せっかん)
5. ①寝殿造(しんでんづくり)　②大和絵(やまとえ)　③紫式部(むらさきしきぶ)　④清少納言(せいしょうなごん)
6. 浄土信仰(じょうどしんこう)（浄土教(きょう)）

解説
3. イの『風土記(ふどき)』は地理書(ちりしょ)，エの『万葉集(まんようしゅう)』は日本最古(さいこ)の歌集(かしゅう)です。
4. 摂政(せっしょう)は天皇(てんのう)のかわりに政治を行い，関白(かんぱく)は天皇を助(たす)けて政治を行います。
5. 『源氏物語(げんじものがたり)』は小説，『枕草子(まくらのそうし)』は随筆(ずいひつ)です。

ポイント　平安時代(じだい)にはかな文字が広まり，紫式部は『源氏物語』，清少納言は『枕草子』を著(あらわ)しました。

レッスン 18 ご恩と奉公ってどんな関係(かんけい)？

チェック 1
(1)平清盛(たいらのきよもり)　(2)壇ノ浦(だんのうら)の戦(たたか)い

解説
(1)　平清盛は自分の娘(むすめ)を天皇のきさきにして，生まれた子どもを天皇とする藤原氏(ふじわらし)と同じような貴族的(きぞくてき)な政治を行いました。

チェック 2
(1)奉公(ほうこう)　(2)北条時宗(ほうじょうときむね)

解説
(1)　ご恩と奉公の関係のように，土地を仲(なか)立ちにして主従関係(しゅじゅう)を結(むす)ぶ社会のしくみを封建制度(ほうけん)といいます。

レッスン 18 の力だめし

1. (1)①平清盛(みなもとのよりとも)　②源頼朝(みなもとのよりとも)　③御成敗式目(ごせいばいしきもく)（貞永式目(じょうえい)）　④元(げん)
(2)源義経(よしつね)　(3)承久の乱(じょうきゅうのらん)
2. Ⓐ執権(しっけん)　Ⓑ六波羅探題(ろくはらたんだい)　Ⓒ守護(しゅご)　Ⓓ地頭(じとう)
3. 平家物語(へいけものがたり)

解説
1. (2)　源義経は源頼朝の弟です。義経は源平(げんぺい)の戦(たたか)いで活(かつ)やくしましたが，のちに頼朝と対立し，最後は自害(じがい)しました。
(3)　承久の乱のとき，北条政子(まさこ)は御家人(ごけにん)たちに源頼朝のご恩を説(と)き，朝廷(ちょうてい)と戦うようにうったえました。
3. 『平家物語』は琵琶法師(びわほうし)によって，人々(ひとびと)に語(かた)り伝(つた)えられました。

レッスン19 貴族と武士の文化が溶け合う！

チェック 1
(1)建武の新政 (2)琉球王国

解説
(2) 琉球王国は中継貿易で栄えました。

チェック 2
(1)座 (2)能（能楽）

解説
(1) 座は営業を独占していました。

チェック 3
(1)応仁の乱 (2)分国法（家法）

解説
(1) 応仁の乱は，8代将軍の足利義政のあとつぎ争いに，守護大名どうしの対立がからんで起こりました。

レッスン19 の力だめし

1 (1)①鎌倉 ②足利尊氏
③日明（勘合） ④応仁
(2)金閣 (3)銀閣
2 定期市
3 イ
4 下剋上

解説
1 (2)(3) 足利義満のころには，公家と武家の文化が合わさった北山文化が栄え，足利義政のころには簡素で気品のある東山文化が栄えました。
3 国人とは地侍のことです。

レッスン20 戦国の世を制するのは？

チェック 1
(1)鉄砲 (2)織田信長

解説
(2) 織田信長は15代将軍の足利義昭を京都から追放しました。

チェック 2
(1)豊臣秀吉 (2)千利休

解説
(2) 千利休は織田信長や豊臣秀吉に仕えましたが，最後は切腹させられました。

チェック 3
(1)徳川家康 (2)老中

解説
(1) 徳川家康は征夷大将軍となりました。

レッスン20 の力だめし

1 (1)①室町 ②検地（太閤検地）
③関ヶ原 ④江戸 (2)キリスト教
(3)長篠の戦い (4)鉄砲
2 南蛮貿易
3 楽市・楽座
4 朝鮮

解説
1 (4) 織田信長は足軽鉄砲隊を組織して，騎馬隊中心の武田軍をたおしました。
4 豊臣秀吉は，1592年の文禄の役と1597年の慶長の役の2度にわたって朝鮮を侵略しましたが，失敗に終わりました。

レッスン 21　参勤交代は重い負担？

> ### チェック 1
> (1)親藩　(2)武家諸法度

解説

(2)　武家諸法度は2代将軍徳川秀忠のときに初めて出されました。

> ### チェック 2
> (1)朱印状　(2)出島

解説

(2)　出島は長崎港内の人工島です。

> ### チェック 3
> (1)株仲間　(2)関所

解説

(2)　関所は人や物の行き来を監視するために設けられました。

レッスン 21 の力だめし

> 1　①親藩　②譜代　③外様
> ④武家諸法度　⑤徳川家光
> ⑥参勤交代
> 2　五人組
> 3　島原・天草一揆（島原の乱）
> 4　(1)中国，オランダ（順不同）
> (2)朝鮮通信使
> (3)シャクシャイン
> 5　天下の台所

解説

5　大阪には幕府や諸藩の蔵屋敷が置かれ，全国各地から物資が集まり，商業の中心地として発達しました。

レッスン 22　世界にはばたく浮世絵

> ### チェック 1
> (1)松尾芭蕉　(2)本居宣長

解説

(2)　本居宣長は国学を大成しました。

> ### チェック 2
> (1)大塩平八郎の乱　(2)薩長同盟

解説

(2)　薩摩藩と長州藩はそれまで敵対していましたが，倒幕のために手を結びました。

レッスン 22 の力だめし

> 1　A オ　B カ　C ウ
> D ア　E エ　F イ
> 2　打ちこわし
> 3　(1)日米和親条約
> (2)イ，エ（順不同）
> (3)日米修好通商条約
> (4)（例）アメリカの領事裁判権（治外法権）を認めたこと，日本に関税自主権がないこと（順不同）
> 4　尊王攘夷運動

解説

3　(2)　日米和親条約では，アメリカ船にまきなどを補給することを認めました。

ポイント 日米和親条約で函館，下田の2港，日米修好通商条約で函館，新潟，神奈川（横浜），兵庫（神戸），長崎の5港を開港しました。

(4)　同様の条約をオランダ，ロシア，イギリス，フランスとも結びました。

レッスン 23 ざんぎり頭をたたいてみれば…

チェック 1
(1)徳川慶喜 (2)福沢諭吉

解説

(1) 大政奉還を行って，政治を行う権利を朝廷（天皇）に返しました。

チェック 2
(1)西南戦争 (2)大隈重信

解説

(2) 大隈重信は東京専門学校（現在の早稲田大学）の創設者でもあります。

レッスン23の力だめし

1　①オ　②ア　③エ　④イ
⑤ウ　　2　岩倉使節団
3　富岡製糸場
4　文明開化
5　①板垣退助　②国会
③自由民権　④伊藤博文
⑤大日本帝国

解説

1　明治新政府は経済を発展させて国力をつけ，強い軍隊を持つことを目指して，学制や徴兵令，地租改正などの富国強兵の政策を進めました。
2　不平等条約の改正交渉を行おうとしましたが，日本が近代国家でないことを理由に応じてもらえませんでした。
5　⑤大日本帝国憲法では天皇が絶対的な権力を持ちました。

レッスン 24 列強に肩を並べた日本

チェック 1
(1)東郷平八郎 (2)八幡製鉄所

解説

(2) 八幡製鉄所は，日清戦争の賠償金の一部を使って建設されました。

チェック 2
(1)米騒動 (2)三・一独立運動

解説

(1) 商人が米を買いしめたり，売りおしんだりしたことで，米のねだんが急に高くなりました。

レッスン24の力だめし

1　(1)①陸奥宗光　②イギリス
③韓国（朝鮮）　④小村寿太郎
(2)下関条約　(3)ポーツマス条約
(4)与謝野晶子　　2　田中正造
3　国際連盟
4　満25歳以上のすべての男子

解説

1　(1)　①イギリスとの間で領事裁判権（治外法権）をなくすことに成功しました。④アメリカとの間で関税自主権の回復に成功しました。
(3)　ポーツマスはアメリカの都市です。

ポイント 日清戦争の講和条約は下関条約，日露戦争の講和条約はポーツマス条約です。

レッスン25 二度と戦争をくり返さない!!

チェック 1
(1)満州国　(2)集団疎開（学童疎開）

解説
(1) 満州国の政治や軍事などの実権は，日本がにぎりました。

チェック 2
(1)サンフランシスコ平和条約
(2)日米安全保障条約（安保条約）

解説
(2) 日本の安全と東アジアの平和を守ることを目的に結ばれました。

レッスン25の力だめし

1 国家総動員法
2 ①日独伊三国　②真珠
　③太平洋　④沖縄　⑤原子爆弾（原爆）
　⑥ポツダム
3 満20歳以上の男女
4 公布…1946（昭和21）[年]
11[月]3[日]　施行…1947（昭和22）
[年]5[月]3[日]
5 冷たい戦争（冷戦）
6 高度経済成長

解説
2 ①独はドイツ，伊はイタリアです。
3 **女性の参政権が実現しました。**
6 日本の高度経済成長は石油危機（オイル・ショック）が起きる1970年代の初めまで続きました。

レッスン26 みんなの願いをかなえる政治

チェック 1
(1)地方公共団体（地方自治体）
(2)都道府県知事

解説
(2) 住民は直接選挙で，都道府県知事や市(区)町村長を選びます。

チェック 2
(1)参議院　(2)三審制

解説
(1) 日本の国会は衆議院と参議院の二院制（両院制）をとっています。

レッスン26の力だめし

1 (1)A 国会　B 内閣　C 裁判所
　(2)A 立法権　B 行政権　C 司法権
　(3)①内閣総理大臣（首相）
　②最高裁判所長官　2 地方自治
3 常会（通常国会）
4 被選挙権

解説
1 (2) **国家権力がひとつの機関に集中しないようにして，国民の自由と権利を守っています。**

ポイント 三権分立→国会は立法権，内閣は行政権，裁判所は司法権を担当しています。

4 選挙で投票する権利を選挙権，選挙に立候補する権利を被選挙権といいます。

レッスン27 平和をちかう日本国憲法

チェック 1
(1)国税　(2)財政

解説
(2) 国の財政を国家財政, 地方公共団体(地方自治体)の財政を地方財政といいます。

チェック 2
(1)象徴　(2)基本的人権

解説
(2) 基本的人権は「おかすことのできない永久の権利」として保障されています。

レッスン27の力だめし

1 イ, エ(順不同)
2 国民主権
3 国事行為
4 ユニバーサルデザイン
5 税金を納める義務(納税の義務)
6 ①9　②戦力　③交戦権
　④平和　⑤自衛隊

解説
1 公債金とは, 国の借金です。
3 天皇の国事行為には, 内閣総理大臣の任命や, 国会の召集などがあります。
5 国民の三大義務は, 日本国憲法に定められています。

> **ポイント** 国民の三大義務は子どもに普通教育を受けさせる義務, 仕事について働く義務, 税金を納める義務です。

レッスン28 日本と世界をつなぐもの

チェック 1
(1)中華人民共和国(中国)
(2)アメリカ合衆国(アメリカ)

解説
(2) アメリカ合衆国は小麦, とうもろこし, 大豆の輸出量が世界一です。

チェック 2
(1)ODA　(2)NGO

解説
(2) NGO(非政府組織)には, 国境なき医師団やAMDA(アジア医師連絡協議会)などがあります。

レッスン28の力だめし

1 ①イ　②ウ　③オ
　④ア　⑤エ
2 ODA(政府開発援助)
3 青年海外協力隊
4 多文化共生社会(多文化社会)

解説
1 ①イスラム教はサウジアラビアの国教です。③アメリカ合衆国は宇宙産業などのハイテク産業(先端技術産業)や航空機産業がさかんです。
2 相手国との間で直接行う二国間援助と, ユニセフなどの国際機関を通じて行う多国間援助があります。
3 青年海外協力隊は, アジアやアフリカ, 南アメリカに多く派遣されています。

レッス29 一人ひとりができること

チェック 1
(1)総会　(2)ユネスコ（UNESCO，国連教育科学文化機関）

解説

(2)　日本でも白神山地や屋久島などが世界遺産に登録されています。

チェック 2
(1)熱帯（雨）林の減少　(2)砂漠化

解説

(2)　サハラ砂漠の南のふちのサヘルでは，特に砂漠化が深刻です。

レッス29の力だめし

1 (1)総会
(2)安全保障理事会（安保理）
(3)①国連児童基金（ユニセフ，UNICEF）
②国連難民高等弁務官事務所
（UNHCR）
③国連教育科学文化機関（ユネスコ，
UNESCO）
2 エ

解説

1 (2)　5大国は拒否権を持っています。

ポイント 国際連合の安全保障理事会における5大国はアメリカ，ロシア，イギリス，フランス，中国です。

2　地球温暖化で極地の氷がとけて海面が上がり，ツバルなどの島国は国土が海にしずむおそれがあります。

Gakken